Ernst Penzoldt wurde am 14. 6. 1892 in Erlangen geboren und starb am 27. 1. 1955 in München. Er studierte an den Kunstakademien von Weimar und Kassel und war zunächst als Bildhauer, Maler und Graphiker tätig. Nach dem Ersten Weltkrieg, in dem er – wie auch von 1939 bis 1940 – als Sanitäter verwendet wurde, fand er zur Schriftstellerei, die er als seine »Kriegsverletzung« bezeichnet hat. Zu seinen erfolgreichsten Büchern zählen: »Der arme Chatterton« (1928), der Schelmenroman »Die Powenzbande« (1930), »Kleiner Erdenwurm« (1934), »Der dankbare Patient« (1937) sowie die Erzählungen »Idolino« (1935), »Korporal Mombour« (1941), »Zugänge« (1947) und »Squirrel« (1954).

Den Zauber der Inseln in der Nordsee, das Unverwechselbare dieser vom Rhythmus der Gezeiten bestimmten Welt aus Licht, Sand und Wind, haben nur wenige Künstler so treffend darzustellen vermocht wie der Dichter und Maler Ernst Penzoldt. Auf der Insel Sylt, im Kampener Autorenhaus seines Verlegers Peter Suhrkamp, hat er seit 1937 einige Jahre die Sommermonate verbracht und in Wort und Bild das Charakteristische eines Lebens im nahen Umgang mit den Elementen festgehalten. Seine Schilderungen von Meer, Sand, Muscheln, Vegetation, aber auch seine oft humoristischen Anmerkungen über das ortsbedingte Verhalten der Menschen sind zeitlos aktuell: »Menschen, die sich ständig etwas vornehmen, die immer etwas erledigen zu müssen meinen, sind hier fehl am Ort. Sie stören. Sie stören den Zufall. Denn hier ist alles so wunderbar zufällig und selbstverständlich. Auch die Zeit ist hier eine andere als beispielsweise in der Stadt. Eine an städtische Minuten gewöhnte Uhr muß hier natürlich falsch gehen.«

insel taschenbuch 1424

Penzoldt

Sommer auf Sylt

# *Ernst Penzoldt*
# *Sommer auf Sylt*

Liebeserklärungen an eine Insel
in Betrachtungen, Episteln,
Erzählungen und Bilderbriefen
mit farbigen Zeichnungen
des Verfassers

Herausgegeben von
Volker Michels

Insel Verlag

Umschlagfoto:© Tony Stone

insel taschenbuch 1424
Erste Auflage 1992
Originalausgabe

Textquellennachweis am Schluß des Bandes
Vertrieb durch den Suhrkamp Taschenbuch Verlag
Umschlag nach Entwürfen von Willy Fleckhaus
Satz: Satz-Offizin Hümmer GmbH, Waldbüttelbrunn
Druck: Nomos Verlagsgesellschaft, Baden-Baden
Printed in Germany

3 4 5 6 7 8 – 03 02 01 00 99 98

# *Inhalt*

## *Betrachtungen und Episteln*



## *Erzählende Texte*

*Betrachtungen und Episteln*

## *Brief vom Mond*

Du wirst nicht erstaunt sein, wenn ich Dir im Vertrauen mitteile, daß ich mich, alle Deine gutgemeinten Warnungen in den Wind schlagend (und was für einen Wind!), wieder einmal unsterblich verliebt habe. Doch, mein Lieber, nicht wie Du meinst. Denn diesmal ist es kein Mensch noch ein Tier, wie jene Giraffen-Antilope – Du erinnerst Dich an diese anmutigste aller Kreaturen mit den schönsten beseeltesten Augen, die dem Schöpfer je geglückt sind –, auch ist es nicht ein Stück Borkenrinde wie jenes, das mir einmal ein Holzknecht geschenkt hat, ein ungekämmter ungeschlachter Bursche, der im kleinen Finger der linken Hand so stark war wie unsereiner am ganzen Arm, der doch Sinn hatte für das Zärtlich-Sanfte daran und mit Wohlgefallen darüber hinstrich, noch ist es ein Bild, keine Bardame (von Manet) und kein Briefträger (von van Gogh), keine Skulptur und keine Musik, sondern es ist ganz ausnahmsweise eine Gegend, ein »Landstrich« im wahrsten Sinne des Wortes, eine Insel, doch nicht von dieser Erde, sondern offenbar vom Mond. Der halbe Mond hat sich im Meer gespiegelt, und daraus ist, wenn auch ein ganz klein wenig verzerrt, diese Insel geworden. Du kennst sie, das spillerige Ding, von jenen Postkarten, darauf sie in ihrer ganzen Geographie abgebildet ist, gelb und blau, und aussieht wie eine Abnormität in Spiritus, vielleicht der Embryo eines Krokodils.

Ich komme eben von der Mondkraterlandschaft aus

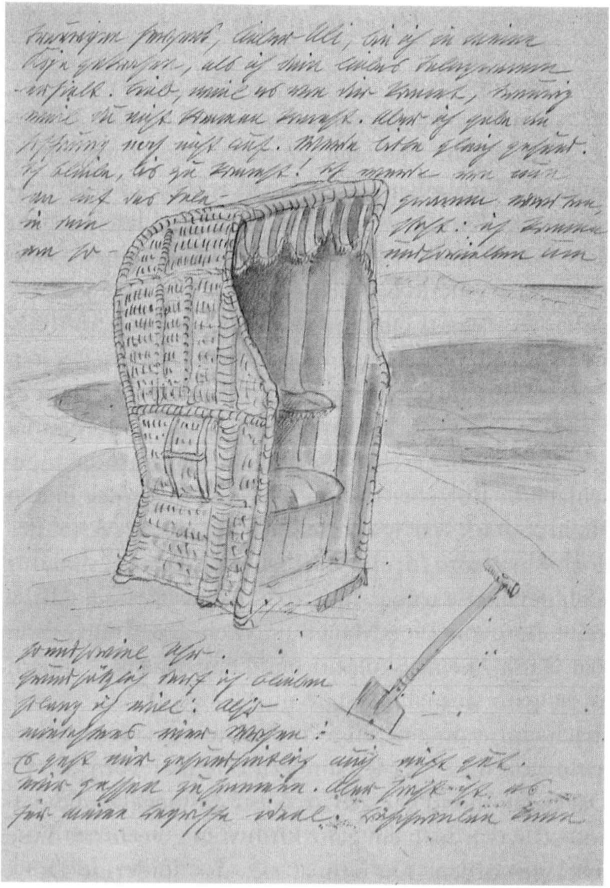

den Dünen, über die rostige Heide, akkompagniert vom Gesang einer Lerche, die sich hoch über mir in den Lüften mit zitterndem Flügelschlag genau auf derselben Stelle hielt, die doch nicht zu sehen war, jubilierend aus voller Kehle:

laudat alauda deum trilleri-trill-trilleri cantans.

Auf der Mähne des Hauses, unter der ich wohne – denn die Häuser haben etwas Tierhaftes hierzulande mit ihrem silbergrauen Strohpelz, als könnten sie sich plötzlich von der Stelle bewegen und durch die Heide trotten, eine Kreuzung aus Igel und Elefant –, auf dem Dache sitzen zwei Raben, wirkliche Raben, schwarze Raben und keine ordinären Krähen, keine Massenware also, übrigens ein rührend zärtliches Ehepaar. Sie haben ihren Horst neben dem Kamin. Hast Du schon je in einem Haus gewohnt, auf dem Raben nisten?

Ehe ich in das Haus trete, versäume ich es nie, in den kleinen dreieckigen Rosengarten einzutreten. Ich habe nie irgend dergleichen gesehen. Er ist, von einem Wall aus Stein und Rasenstücken umfriedet, ein richtiger Rosenhag, geschaffen wie für Nachtigallen, von wilden Rosen über und über blühend, weißen und roten, großen, etwas schlappen Blüten, warmduftend wie Honig, summend von Bienen. Im grünen Schatten, im Gezweig des Rosenkäfigs wimmelt es von allerlei Vöglein, und zuweilen gefällt sich ein Kaninchen in dieser Pracht. Aber es gibt noch eine andere Art von Rosen hier, eine kriechende allerliebste Zwergform, die ich Mondrose getauft habe. Denn die, für die winzigen Blättchen viel zu großen Blüten sind wie aus Mondenschein gemacht: ein unendlich zarter Hauch von Grün, ein Widerschein vom Gesicht des Mondes liegt darüber.

Es gibt ein paar Orte, wo ich gern begraben liegen möchte, obgleich man dann nicht mehr allzuviel davon hat. Der vorerwähnte Rosengarten gehört dazu.

Auch ein Strandkorb ist bei dem Haus, mit rot-weiß gestreiftem Segeltuch ausgeschlagen und einer ebensolchen Markise versehen, ein waschechter Repräsentant des bürgerlichen Zeitalters.

Als Kind habe ich einmal eine Sturmflut erlebt, da schwammen diese sonderbaren Möbel, diese Babykörbe für Erwachsene, verzweifelt komisch anzusehen in den gewaltigen Wogen des Meeres, das Lächerliche im Erhabenen, ein unvergeßlicher Anblick.

Ich habe mir in meinem Zimmer einen Strand en miniature angelegt. Denn ich kann es nun einmal nicht lassen, Muscheln und bunte Steine mit nach Hause zu nehmen. Du siehst, ich fröne dem schöpferischen Nichtstun, zu dem die blonde Zauberinsel verleitet. Dabei gehen mir dauernd die hübschesten Gedanken durch den Sinn, derart, daß ich sie gar nicht mehr aufschreibe, sondern selbstverbrauchend mich daran erfreue.

Wenn ich am Strand oder in den Dünen liege, dann spiele ich Zeit. Ich lasse den feinen Sand durch die Finger rinnen. Und da ich es einmal tat, nichtsahnend, hob ich ein weißes Knöchelchen auf, das zwischen durchsichtigen rosa Muscheln lag, aus einer ehemaligen Menschenhand, ein zartes, noch junges Glied, von einem Schiffsjungen vielleicht. Ich habe das bleiche Beinlein in einer Malermuschel beigesetzt, weißt Du, von jenen, die großen Sonnenblumenkernen gleichen, so wie wir als Kinder tote Frösche begruben, die kleinen goldäugigen unvorsichtigen, die es sich in den Kopf gesetzt hatten, über die Landstraße zu hupfen, anstatt daheim im grünen Gras zu bleiben, und in der großen Welt jämmerlich umkamen. –

Was ich hier nicht leiden kann, ist der Leuchtturm, dieser versteinerte Schutzmann. Man fühlt sich ständig von ihm beobachtet, solange er in Sicht ist. Und ich möchte doch einmal gar nichts müssen, sondern nur dürfen.

## *Masse Meer*

Gestern habe ich in Gold gebadet, in flüssigem Gold! Man muß, um dieses Wunder zu erleben, unterhalb des sogenannten »Roten Kliffs«, das übrigens keineswegs rot ist, sondern allenfalls ockergelb, ins Meer gehen, am späten Nachmittag, wenn das Kliff, die Steilküste der Insel, von der Sonne beschienen ist und bei mäßigem Wellengang, kurz, es müssen einige glückliche Umstände zusammentreffen, wenn man das herrliche Empfinden, in lauterem Gold zu baden, voll genießen will. Es ist ferner nötig, eine kleine Strecke hinauszuschwimmen und dann landwärts zurückzuschauen. Denn es macht das sonnenbeschienene Kliff, das sich im unruhigen Meere spiegelt, daß das Wasser zu Metall wird. Unkundige wissen es nicht, was sie, vom Meer aus gesehen, für ein lustiges Schauspiel bieten, wenn sie ins goldene Wasser plätschern, umsprüht von goldenen Tropfen.

Man kommt sich ordentlich reich dabei vor, ein Hochgefühl ergreift einen, und die goldene Heiterkeit hält noch lange an.

So harmlos kann zuweilen das Meer sich darbieten. Aber es täuscht. Da ist der Strand mit den komischen Strandkörben und den spielenden Kindern, die mich immer an eine Predella von Botticelli erinnern. Ein Kind ist darauf abgebildet, das es unternimmt, das große Weltmeer in eine kleine Sandkuhle zu schöpfen. Da sind in ihren sportlich-extravaganten Strandkleidern die Badegäste, die sich angestrengt erholen. Da ist

das übliche munter-infantile Badeleben mit Sandburgen, buntlackierten Blecheimerchen und aufgeblasenen Gummitieren: ein Bild der Sorglosigkeit. Und da ist das Meer, bei dessen Anblick man sich wundert, daß es sich das alles so gutmütig gefallen läßt. Allein es ist nicht mit ihm zu spaßen.

Das Meer ist oft gemalt worden. Bekannt ist die Woge von Courbet. Mehr sagt das Seestück von Breughel darüber aus. Aber das sind alles nur winzige Ausschnitte.

Man braucht nicht einen Taifun im großen Ozean mitgemacht zu haben, um etwas von der Furchtbarkeit des Meeres zu ahnen, um zu spüren, daß da etwas ist, was sich nicht mehr in der Gewalt hat, etwas Unberechenbares, Tobsüchtiges, völlig außer Rand und Band Geratenes, wild Umsichschlagendes, Blindwütiges: die zornige Auflehnung der Natur gegen den ewigen Zwang, Natur zu sein.

Es genügt, bei einem mittleren Wellengang ein paar Schritte vom Strand entfernt eine sich überschlagende

Woge auf die Schultern zu nehmen, was freilich ganz herrlich ist, dieses Überströmtsein von Kraft, um zu spüren, welche unwiderstehliche Gewalt mit dir spielt, während du meinst, mit ihr dein Spiel zu treiben. Wonne und Schauder ergreift dich zugleich, und die Verlockung, die Überredung der Tiefe ist groß. Sie ist eine Urerinnerung daran, daß wir aus dem Meere kommen und nicht viel mehr als gestaltgewordenes Wasser sind. »Unsere Tränen«, schrieb ich einmal, »sind eine Erinnerung an das Meer, aus dem wir stammen.«

Der ungelehrte Badegast beachtet die Gezeiten und richtet sich nach dem Flutkalender. Denn wenn es auch bei Ebbe so aussieht, als habe sich nichts in dem unermüdlichen Bestreben, dem »rollenden Angriff« des vielen Wassers geändert, aufs Land zu wollen, so als müßten die Wellen den Schwimmer, ob er will oder nicht, schließlich an den rettenden Strand werfen, wirkt doch der unheimliche Sog der Ebbe und zieht den Ermattenden unwiderstehlich hinaus.

Ohnmächtig erscheint manchmal das Meer in der starrköpfigen Beharrlichkeit seines Ansturms. Aber es gewinnt dennoch an Land. Die unaufhörliche Schlacht geht um jeden Fußbreit Bodens. Längst ist die Insel in die Defensive gedrängt. Den Strand zu halten, wurden daher jene palisadenartigen Buhnen gebaut, mächtige Pfähle in den Sand gerammt, ein gutes Stück ins Meer hinaus. Auch mit Eisenträgern hat man es versucht. Aber man muß es sich nur einmal ansehen, wie das Meer auch mit ihnen fertig wird, sie verbiegt und zerbeult.

Schmackhafte Miesmuscheln haben sich an den Buhnen angesiedelt und umgeben sie mit einem seltsamen blauschwarzen Panzer. Wehe dem Badenden, den die Wellen gegen den Muschel-Panzer werfen! Aus vielen kleinen Wunden wird der Leichtsinnige dafür bluten müssen.

Manchmal muß sich auch das Meer ausruhen. Es liegt dann da wie ein nasser Putzlumpen, und wer es zum ersten Mal in solcher Faulheit sieht, wird enttäuscht sein. Aber am anderen Tag kann es sich schon völlig verwandelt haben. Es hat viele Gesichter und Gewänder, kann blau sein wie die Adria und unheimlich schwarz wie die Nacht, ganz sanft und ebenso wild, heute ein Spiegel der Wolken und der Sterne, morgen wie eine tobende Menschenmenge: Masse Meer, launisch, bösartig und tief traurig.

Man wird nicht müde es anzuschauen und fühlt sich wieder angesehen von ihm. Allmählich bringt man eine gewisse Ordnung in die fließenden Ornamente des Gischts, in das Spiel der Wogen, auf denen zart gekräuselte Wellen zurücklaufen, und in die Farben und in die Bewegung. Man lernt es sozusagen mit Zeitlupe zu sehen.

Das große Meer! Es reicht um die ganze Erde und ist ein unaufhörliches Hervorbringen und Vernichten. Es ist ein Meer von Leben und Leiden. Aber es reinigt sich immer wieder von der Verwesung.

Jedesmal, wenn ich es wiedersehe, tauche ich einen Finger ins Wasser und koste davon. Ungeachtet all' dessen, was darin lebt und stirbt, all' der Fische, Haie, Krebse, Seepferdchen, Muscheln, Algen, Quallen, all' der lebendigen und toten Kreatur, liebender, raubender, fressender und gefressen werdender Lebewesen, dieser klare, kleine Tropfen Meer an meinem Finger schmeckt säuberlich nach Salz.

# *Ansichtskarte aus Kampen*

Was doch die Leute für ein Getue mit Kampen haben! Wenn sie Kampen sagen, bekommen ihre Augen einen so schwärmerischen, sehnsüchtig-verklärten Ausdruck, daß man überzeugt ist: Kampen muß ein Paradies sein. Ich kann nichts Besonderes daran finden. Ich glaube, der sagenhafte Ruf dieses Ortes beruht auf reiner Einbildung.

Kampen besteht zum größten Teil aus nichts als Luft, Wasser und Sand. Bäume, die sonst einen wesentlichen Bestandteil vernünftiger Landschaften auszumachen pflegen, gibt es hier fast gar nicht, und die wenigen sind »vom Winde verweht«, haben nur eine halbe Krone und sehen sehr eilig, sozusagen fortstrebend aus. Wenn ich behauptete, Kampen bestehe größtenteils aus Luft, so hätte ich genauer sagen müssen: aus Wind. Es ist mir ein Rätsel, daß von dem Sand, sehr feinem Sand übrigens, trotz des jahrhundertelang fast unaufhörlich wehenden Windes noch so viel übriggeblieben ist, ungefähr noch genausoviel wie vor zehn Jahren, als ich das erste Mal hier war. Natürlich: das Meer ist immer etwas Schönes, Erhabenes, aber es

gibt schließlich genug davon auf der ganzen Welt, wobei es mich, wenn ich den Globus so betrachte, stets gewundert hat, daß es nicht von der Erde abtropft ins All.

Vernünftigerweise habe ich meinen dicken, gesprenkelten Wollsweater mitgebracht und meine schwarze Lederkappe, die ich mit Rücksicht auf meine Familie zu Hause nicht aufsetzen darf. Ich sehe darin ganz so aus »wie'n ollen, ehrlichen Seemann«, wenn ich, die Hände in den Hosentaschen, schräg durch die Wiese wehe zu den Dünen oder zum Strand. Denn was will man sonst hier machen? Ein paar Schritte – vielleicht gefällt das den Kampenschwärmern? – und man ist weit weg. Die Dünen, eben scheinbar noch so fern, ein paar Schritte, und sie sind ganz nah. Heute leuchtet ihr Sand so weiß wie Schnee; man kann diese lächerlichen Hügel, die kaum viel höher sind als das Baronsbergl in Schwabing, wo es freilich kein Meer gibt, die Imhofstraße bei Regenwetter vielleicht ausgenommen, ja, im Ernst, man könnte diese von Strandhafer und Dünengras bewachsenen kümmerlichen Bodenerhebungen geradesogut für ein fernes Schneegebirge mit Viertausendern halten. Die Farben, das will ich zugeben, die Farben sind allhier bezaubernd, das heißt die Grundfarben: die braune Heide, die grünen Wattwiesen, das Silbergrün der Dünen, daran ist nichts Besonderes. Die Beleuchtung macht's, der unendliche Himmel, die aufgehende und untergehende Sonne, der Widerschein des Wassers. Es ist, rundheraus, so langweilig in Kampen, daß man (ich wenigstens) gar nicht zum Arbeiten kommt, sondern immer nur schaut. Denn das ist ja das

Ärgerliche hier, wo so gar nichts ist, wo man gleichsam auf des Schöpfers flacher Hand gegen den Himmel gehalten ist, hier gibt es immer etwas zu schauen: das Meer vor allem, das immer wieder heranwogt, das, eigensinnig, durchaus aufs Land will und immer wieder zurückfluten muß – ich werde nicht müde, ihm zuzuschauen. Sieht es nicht aus, als wenn ein Verkäufer immer neue Stoffe vorlegt und über den Ladentisch hinrollt, den wundervollen Fall der Falten zu zeigen? Wie hübsch ist das, wenn auf dem heranwogenden Wasser Wasser der gleichen Art zurückläuft, wie es sich kräuselt, von dem herrlichen Wellenschlag gar nicht zu reden und dem, was das Meer als Mitbringsel vor meinen Füßen am Ufer zurückläßt an allerlei seltsamem Getier und an Muscheln, geformt und rosig wie der Eos Fingernägel.

Es gibt auch Häuser in Kampen, strohgedeckte, zottige, aus bordeauxroten Backsteinen gebaut. In der Dämmerung könnte man das Dorf für eine weidende Mammutherde halten. Es ist ein wahres Glück, daß ich mich ein wenig auf Tiere verstehe und das hiesige Geflügel bei Namen nennen kann: die schwarz-weiß-roten Austernfischer, die so schlau dreinblicken und wie kleine nationalistische Störche aussehen, die bunten Fuchsgänse, Goldregenpfeifer, Seeschwalben, Silbermöwen und wie diese unterhaltenden, anmutig fliegenden Tiere alle heißen. Man würde sich übrigens kein bißchen wundern, wenn einem bei einer Wanderung durch die Dünen plötzlich ein Rudel Gazellen, Löwen oder Giraffen begegnen würde. Zur Zeit blühen die Rosenhecken, weiß und rot, und die schnittlauchähnlichen Wattnelken in zierlich-steifer Grazie und, so reizend wie gefährlich aussehend: das Knabenkraut. Man sieht, ich versuche alles anzuführen, was den angeblichen Zauber Kampens retten könnte, dem auch ich mich, scheint's, nicht völlig entziehen kann, obwohl ich nicht zu sagen vermöchte, worin diese Verzauberung eigentlich besteht. Weil der Himmel hier größer, viel größer und abwechslungsreicher ist als irgendwo sonst auf der Welt? Weil das Meer und das Watt alle Farben meines Aquarellfarbkastens annehmen können, vom unheimlichsten, fast schwarzen Indigo bis zum durchsichtigsten, wangenzartesten Rosa, in alle Metalle, Seidenstoffe und Edelsteine sich verwandeln können? Oder weil man hier wie nirgends so ganz genau weiß, welche paar Menschen man hier haben möchte, als wäre dieser seltsame Ort der eigentliche natürliche Maßstab für menschliche Sympathie, die, ach, so wählerisch und oft so schrecklich ungerecht ist?

Gestern abend sah ich zwei Pferden zu, einem Rappen und einem kupferbraunen mit blonder Mähne und blondem Schweif, wie sie miteinander scherzten und spielten, wie Liebende, Hals über Hals schmiegten oder nebeneinander hertrabten, wobei sie sich herzlich ansahen, dann sich mit ihren Mäulern ineinander verbissen, als küßten sie sich, mit ihren von Atem betauten, dampfenden Nüstern und schlaffen Mäulern, diese großen, warmen, ernsthaften, starken, die Mähne lustig aus der Stirn schüttelnden, kindsköpfig zärtlichen Tiere.

Kaninchen gibt es auch. Heute früh saß eines vor

meinem Fenster, mümmelnd und mit seinen lidlosen Augen sehr wachsam und auf der Hut. »Was machst du denn da, Häschen?« fragte ich. Da lief es kreuz und quer durch die Heide, zutiefst erschrocken vor des Menschen Stimme. Gegenwärtig ist Vollmond. Auch schön.

Ach, Kampen hat schon seine Reize. Ich möchte ganz gern so ein zottiges, kleines Häuschen haben, das aussieht wie aus einem Kaffernkral, und so einen Wall drumherum, aus Wackersteinen und Wasen, und manchmal geräucherte Flundern! Es ließe sich schon aushalten hier.

# *Sand*

Ehe die Sintflut kommt, denn es regnet seit sieben Tagen ohne Unterlaß, will ich Dir noch einmal schreiben.

Es hat eine gute Weile gedauert, bis mein kleines Haus mir vertraut wurde, bis es mich annahm. Vielleicht hat es noch nie ein Liebender bewohnt. Man fühlt es, ob in einem Haus schon geliebt wurde oder gehaßt. Vielleicht muß erst jemand darin geboren oder gestorben sein, damit es seinen Sinn bekommt.

Aber nun ist es doch schon etwas von mir durchwohnt. Auch der Tisch, an dem ich Dir schreibe, beginnt fruchtbar zu werden, dank einer gewissen Unordnung aus Zetteln, Büchern, Bleistiften, der schöpferischen Unordnung, die ich brauche, ohne die ich mich nicht darauf zurechtfinden könnte. Sie hat etwas von dem natürlichen, harmonischen Durcheinander einer Landschaft. Wehe, wenn jemand käme und wollte die Flüsse strecken und in Reih und Glied nebeneinander-, die Seen und Städte aufeinanderlegen: ich würde nichts mehr finden in solcher keimfreien Ordnung.

Obenauf liegt Dein Brief, als wäre er unter Umgehung der Post durch die Luft hierhergeflogen (denn so müßte es ja eigentlich sein zwischen uns, daß wir unsere Briefe dem Wind anvertrauen) wie ein weißer Vogel, wie eine Möwe und hätte sich hier niedergelassen. Seine Schwingen sind von Deiner Hand beschrieben.

Ich liebe Deine Schrift.

Ich kann mir keine Schrift denken, die Wesen und Gestalt der schreibenden Person so sichtbar macht wie Deine. Die Zeichen auf dem Papier sind die Schatten der Worte aus Deinem Munde. Jeder Buchstabe ist ein kleiner Mensch und Dir ähnlich. Manche Zeilen stürmen dahin wie Gazellen, andere gehen gemächlich einher. Dein Haar ist darin, die schlendernde Unbekümmertheit Deines Ganges, die Schwünge, Schleifen, Schweifungen der Buchstaben haben ganz Dein Gehaben und Deine Anmut. Es würde mich nicht wundern, wenn sie nachts lebendig würden und im Mondschein umherspazierten, Arm in Arm oder umschlungen, und erst morgens auf ihre Plätze zurückkehren würden.

Du fragst mich, was ich so den ganzen Tag tue. Nichts. Davon bin ich von früh bis spät vollauf in Anspruch genommen. Es bleibt mir kaum Zeit, etwas anderes zu tun. Ich lebe, das ist alles.

Meine Uhr ist stehengeblieben. Es muß wohl Sand ins Werk gekommen sein. Aber ich brauche sie hier nicht. Ohne Uhr hat man immer Zeit. Denn die Zeit richtet sich nicht nach der Uhr. Manchmal eilt sie, manchmal verweilt sie. Sie ist aus ähnlichem Stoff gemacht wie der Wind. Was ist die Zeit? Ihre Dauer richtet sich nach unserer Liebe.

Bei schönem Wetter bin ich den ganzen Tag am Strand, in den Dünen, im Wasser, im Wind unter Gottes freiem Himmel, bei den Elementen also, aus denen er Dich und mich und die übrigen Menschen geschaffen hat. Denn wenn irgendwo, dann hat er es hier vollbracht. Hier fand er alles, was er dazu bedurfte: Sand und Lehm für die Gestalt, Wind genug für den Atem, die Sprache und die Seele, Feuchte genug für Tränen, Bläue genug für die Augen, Steine für das Herz in der Brust. Die Hügel und die Hänge der Dünen enthalten Formen für Millionen von Geschöpfen. Und das Meer ist voller Gedanken, dunkler und heller, voll Unruhe und unergründlicher Trauer. Ich möchte dabei sein, wenn Du zum erstenmal das Meer siehst. Ich kenne es schon lange. Ehe Du auf der Welt warst, kannte ich es schon. Wo warst Du damals?

Wenn ich allein am Strand bin – ich bin ja nicht allein, denn ich lebe, als wäre ich zu zweit –, dann ist die weite Welt ganz nahe. Es ist alles da.

Die glückliche Insel besteht aus Sand und Lehm, darein wie Rosinen in einen Kuchen Steine und Muscheln gebacken sind, aber vorzüglich aus Sand. Es ist ein Wunder, daß er nicht schon längst in alle Winde geblasen ist von den Stürmen der Jahrtausende. Er ist beharrlicher, seßhafter, als es den Anschein macht, so als zöge ein Körnchen das andere an, als suchten sie einander und fänden wie winzige Lebewesen doch immer wieder zueinander. Wenn man eine Handvoll trokkenen Sandes aufnimmt und in den Wind hält, dann fangen die Körnchen an, hurtig durcheinander zu wirbeln und aufzufliegen wie Samen. Aber der Wind, der sie zerstreut, kehrt sie auch wieder zusammen, das Meer, das sie fortspült, bringt sie auch wieder zurück. Wenn man Sand durch die Lupe betrachtet, so sieht man ein Geröll von kleinen Felsblöcken, manche durchscheinend, manche glitzernd wie Glassplitter, andere goldgelb, ziegelrot oder grau, einander ähnlich alle, doch keines dem anderen gleich. Sie liegen locker beieinander, aber Wind und Wasser können sie so fest zusammenfügen, daß dem Wanderer, der darüber hingeht, die Sohlen schmerzen. Keine Spur bleibt darin zurück.

Ein hilfloses Spiel für Wind und Wellen, je nach Laune hin und her geworfen und geblasen, unfruchtbar und unverweslich scheint der Sand zu sein. Dennoch muß ihm eine geheime, lebenspendende Kraft innewohnen. Aus ihm holt der Strandhafer seine Nahrung, Stiefmütterchen wachsen darin, bunte Wicken ziehen leuchtende Farben aus ihm. Sie müssen wohl darinnen sein. Ist es das fruchtbare Licht, das nicht aus den Gestirnen zu kommen scheint, sondern in jedem Sandkorn wohnt, wie denn die Dünen des Nachts weithin leuchten, mondenhell – ist es dieses Licht, das die Pflanzen bestrahlt, ist es das Salz, ist es der Quarz, von dem die Wurzeln essen?

Tierchen so klein, daß jedes Sandkorn ein Felsblock für sie sein muß, rote Spinnen, Ameisen und graue Rüsselkäfer, wie winzige Elefanten anzusehen, leben in den Dünen, und Sandflöhe, die sich ganz wie ihre unruhigen Vettern, die Gletscherflöhe, benehmen. Sie haben wie diese etwas Plötzliches, Springlebendiges. Sie sind sandfarbig, lebendig gewordene Sandkörnchen, und treten rudelweise auf. Zarte blaue Schmetterlinge, von der Farbe der Männertreu, gaukeln ungeachtet der steifen Brise leicht und munter umher. Der Wind, gegen den der Wanderer ankämpft, zerreißt sie nicht, der Sturm entführt sie nicht übers Meer.

Wie finden die Ameisen heim in dieser Wüste? Und die Vögel, die Seeschwalben, die in den Sand ihre Eier legen, ungeschützt in ein nur durch einen lockeren Kranz von Halmen kaum angedeutetes Nest? Welche Trübsal bringt ihnen der Regen und die Finsternis? Wo sind sie, was empfinden sie nachts?

Diese Berge von Sand, erstarrten Wogen nachgebildet, haben manchmal eine schwache Stelle, wo sie der immerwährende Wind, der übers Meer kommt, anfrißt. Er fegt über den Dünenkamm und bläst eine Mulde in den Sand. Der Sand beginnt zu wandern, fliegt auf und sammelt sich jenseits der Mulde. Zuerst ist es nur eine kleine Vertiefung, eine hohle Hand, aber der ewige Wind gräbt tiefer, höhlt gewaltige Krater aus, und die wandernde Düne wächst wie ein Gletscher in die Heide, langsam Korn bei Korn. Sandwüsten bilden sich, Formationen, die denen des Schnees in den Bergen gleichen. Man könnte von Pulversand und Harsch sprechen.

Ich habe mir die Mühe gemacht, bäuchlings am Strande liegend, den Sandgrieß ein wenig durchzusehen, auszulesen und zu ordnen. Ich habe dabei Körner gefunden, klar und rund wie Tautropfen, wert, einen Ring zu zieren. Manche gleichen Rauchtopasen, andere dem Rosenquarz, wieder andere schimmern bernsteingolden. Die einen erkennt man ohne weiteres als

tout comme chez nous.

Absplitterungen von Gestein, zerrieben in der Brandung, aber jene wasserhellen sehen aus, als seien sie als Sandkorn erschaffen. Natürlich sind Muschelreste, kleine Metall- und Kohlenteilchen dareingemischt. Ich habe von jeder Art, nach Farbe und Schliff gesondert, je etwa eine Mandel in weiße Muschelschalen getan, darin sie allerliebst aussehen wie winzige Edelsteine.

Vielleicht wird, wenn die Sonne darauf scheint, der Sand so heiß, weil die Körner wie Linsen von Brenngläsern wirken. Es ist ein wunderbares Gefühl, nackt darin zu liegen, und die Haut wird schön samten davon. Ich glaube an die Heilkraft des Sandes.

Wenn ein Sandkorn in eine Auster gerät, bildet sich eine Perle. Sein Reiz, sein Kitzel ist es, der das schimmernde Wunder hervorbringt. Auch von den Muscheln wäre viel zu sagen. Manche gleichen rosigen Fingernägeln, manche kleinen Schmetterlingen, und die Malermuscheln sind wie große Sonnenblumenkerne.

Es hat zu regnen aufgehört. Die Sonne ist hinab, und der Mond kommt herauf, unser Mond, von dem gesagt wird, er sei den Liebenden feindlich gesinnt. Mond und Sonne, sie müssen eines Tages ineinander stürzen wie Liebende. So ist es gemeint. Das wird der Welt Ende sein. Nun funkeln die Sterne. Ich habe einen nach Dir benannt. Er ist keiner von den größten, aber sie sind alle nicht sehr groß. Sie sind so, wie wir sie sehen, und ich werde nie glauben, daß sie gewaltige Himmelskörper seien. Der Stern, der Du bist, wird vom Winde gedreht wie ein Federrädchen. Gute Nacht!

## *Von den Muscheln*

Über die Zoologie der Muscheln (und Schnecken), die man hier in Kampen am Strand findet, weiß ich wenig, aber ich liebe und sammle sie, oder besser ihre Schalen, die als allerliebste Denkmäler ihres schleimig-schlüpfrig-fleischlichen Daseins übrigbleiben, wenn sie das Zeitliche gesegnet haben. Ich sammle sie, obwohl sie zu Tausenden am Strand liegen. Selbst die gemeine Miesmuschel bezaubert mich immer wieder durch ihr unterschiedliches Blau und ihren Perlmutterglanz. Ich habe mir eine eigene Genesis der Muscheln ausgedacht, die wissenschaftlich nicht haltbar sein dürfte, aber mich vollständig zufriedenstellt: das in seinen Farben und Formen ewig wechselnde Meer will in den Muscheln und Schnecken feste Gestalt annehmen. Es tut es in der Tat. Die sogenannte Herzmuschel gibt die Idee der sich überschlagenden Wellen in klassischer, in antikisch-stilisierter Form wieder, die Wellhornschnecke dagegen nicht minder anschaulich den Wasserwirbel, das Sinnbild des Strudels. Die Farben aber gucken sie sich ab, aus allen Tönen vom tiefen bedrohlichen Nachtblau bis zum sanftesten zartesten Rosa oder Gelb. Denn es gibt keine Farbe, die nicht irgendwann, irgendwo im Meer und am Himmel spielte. Davon nehmen sie eben, was sie brauchen, denn es ist ja da, wenn auch nicht alle dabei die gleiche Phantasie und den gleichen Geschmack entwickeln. Ich gebe es zu, manchen fällt gar nichts Hübsches ein. Aber einzelne von ihnen wissen, was sie dem Anblick schuldig sind. Die Buntheit freilich allein macht's nicht. Ich habe da eine Herzmuschel, eben eine solche, darin sich für mich aus Millionen und Abermillionen Wiederholungen geläutert der reine Begriff der Woge verkörpert. Sie ist ziemlich schlicht in der Farbe, ein dunkles Bleigrau und doch vollkommen schön. Man meint, ungefähr die

Stelle zu ahnen, wo sie begonnen hat, sich zur Schale zu wölben, unendlich langsam, aber nicht so schlampig und unordentlich wie etwa die Auster, die meint, sich keine Mühe geben zu müssen, weil sie ein gesuchter Leckerbissen sei, sondern in unbeirrbarer, gelassener, hellenischer Harmonie und der Demut, den ihr zugedachten anmutigen Gedanken sichtbar zu machen. Ich glaube, ihr ganzes Lebensglück besteht im Wohlgefallen ihrer Gestalt, in dem angenehmen Gefühl des sich Umwölbens, der Molluskensehnsucht nach unsterblicher Form. Einzig durch diese Formensprache verstehen einander Muschel und Mensch.

Eine Schneckenart fand ich auch, die von außen gesehen nicht viel aus sich macht, aber innen ist sie mit purpurner Smalte ausgegossen. Von Gestalt gleicht sie

von ungefähr einer Schaukelbadewanne oder auch wieder einem Kahn mit einem eingebauten weißen Sitz aus feinstem weißen Porzellan. Als ich mich bückte, sie aufzuheben, enteilte, hurtig seitwärts laufend, ein kleiner Caliban, böse nach mir schielend, ein Taschenkrebs. Ehe es Segel gab, war schon die Muschel, die einem windgeblähten weißen Focksegel gleicht, und andere (sie haben schrecklich einfallslose Namen, wie Sandmuschel, Plattmuschel, Stumpfmuschel) sind im Wasser, was für die Luft die Schmetterlinge sind. Ich behaupte kühn, sie seien mit ihnen verwandt, über hundert Ecken jedenfalls. Ich habe eine Handvoll davon auf meinem Miniaturstrand auf dem Fensterbrett ausgelegt und stets vor Augen, während ich schreibe: zitronengelbe, rosige, blaßblaue und alle Misch- und Zwischentöne, oft an einer Muschel wie Lebensringe abwechselnd, und habe meine Freude dran. Da ist eine, die hat nahe am Schloß ein kreisrundes, sauber gearbeitetes Loch, und ich weiß, woher das kommt. Es gibt da nämlich gewisse hungrige Meerschnecken, die physisch-chemisch so eingerichtet sind, daß sie eine scharfe Säure produzieren, mit der sie das artige Löchlein in die kalkene Muschel ätzen, ihren Inhalt vorverdauen und herausschlürfen, ohne Rücksicht darauf zu nehmen, wie reizend gefärbt sie sei.

Ich las von einem Lehrer im Ruhestand, der sammelte jahrelang solche Müschelchen, ordnete sie sorgsam nach Farben, um in hingebender, kunstvoller Mosaikarbeit eine Kopie der bekannten büßenden Magdalena von Battoni in der Dresdner Galerie herzustellen. Das muß schön sein! Ich meinesteils sammle nicht in dieser Absicht, doch versuche ich, die Muscheln zum Beispiel als Zierat meiner Bilderbriefe abzukonterfeien, was gar nicht leicht ist, aber ungemein erzieherisch. Mit der Handschrift zusammen sieht das sehr, sehr hübsch aus.

# *Algen*

Unbildung – wo anders offenbarte sie sich so beschämend – deutlich, als gerade im Umgang mit dem Zunächstliegenden, nämlich mit der scheinbar so alltäglichen Natur! Meine Unwissenheit aber erlaubt mir, dem Amateur, leichthin mit Begriffen zu spielen, etwa mit dem Wort Algen, das ich, was wahrscheinlich falsch ist, von dem griechischen Wort Algos ableite, was Schmerz bedeutet. Denn die Algen, diese empfindlich-zarten Gewächse, sehen sie nicht aus wie ein allerfeinstes Nervensystem ohne den schützenden Körper? Bei manchen Arten bestehen oder bestanden für den Naturforscher Zweifel, ob sie noch den Pflanzen oder schon den Tieren zuzurechnen wären. Gleichviel, sie sind schön, und wir spüren ihre Schönheit mit etwas in uns, das ihnen urverwandt ist. »Sie zeigen eine zuckende Bewegung im Sonnenlicht«, heißt es in der Beschreibung einer gewissen Algenart, »sie ist von den glaubwürdigsten Forschern bemerkt worden.« Diese Beobachtung, schon vor über hundert Jahren gemacht, klingt fast wie eine Bestätigung meiner kindlichen Etymologie, wonach Algen schlichtweg die Schmerzhaften bedeuten. Es ist freilich eine Vorstellung, die weh tut, daß es in der Natur Gebilde geben soll, die aus nichts als Schmerz bestehen. Allein, der Anblick mancher Algen, etwa des Kammtangs oder des Horntangs, scheint die sicher unwissenschaftliche, aber poetische Meinung zu bestätigen. Einer schmerzlichen Regung, einem leisen Liebesschmerz, der sichtbare Gestalt werden wollte, verdanken sie (und vielleicht alles auf der Welt) ihr Dasein. Denn diese »niedrigen Organismen«, die in ihrer Struktur an die Eisblumen am Fenster erinnern, oder an das freigelegte Geäder von Blättern, müssen wohl ein zärtliches Verlangen nach Leben besitzen, das der Mühe wert ist. Ja sie sind noch nicht viel mehr als ein Am-Leben-Sein. Wo aber findet man sie? In der Nordsee zum Beispiel, im großen Weltmeer also, dem salzigen, wildbewegten Wasser voll Gefahren wachsen diese haarfeinen nervösen Pflänzchen schon seit Urzeiten aus fast nichts bestehend als eben dem Wohlgefühl des Wachstums, einem der Strömung Hingegebensein in unendlich-sanfter Beharrlichkeit.

Ich habe welche mit nach Hause gebracht, natürliche, anmutige Kunstwerke, von behutsam-bewahrenden Händen zierlich aufs Papier gebracht, Sinnbilder der Empfindung, von höchstem graphischen Reiz. Ich habe mir sagen lassen, daß gerade diese unscheinbaren Algen die ernsthafte Beachtung der neueren Forschung finden, um mit ihrer Hilfe dem Ursprung und Geheimnis des Lebens auf die Spur zu kommen.

## *Morphologie des Amorphen*

Es sind schon drei Jahre her, da fand ich, am Nordseestrand lustwandelnd, einen kleinen Stein, der so unverkennbar einem Hundekopf glich, daß ich mich danach bücken und ihn mitnehmen mußte. Das Schlappohr, das Auge, die Schnauze, die Lefzen saßen an der rechten Stelle, und jeder, dem ich das zierliche Petrefakt zeigte, erkannte gleich mir sofort das rassige Profil eines Jagdhundes. Auf der Rückseite aber hat der Stein ganz die Bildung einer grauen, gefleckten Dogge. Ich konnte mich nicht entschließen, diese Plastik des Zufalls fortzuwerfen.

Wer den Blick dafür hat, ein wenig Glück und etwas Phantasie, kann sich in kurzer Zeit eine artige Sammlung solcher unfreiwilliger Kunstwerke anlegen, die man immer wieder mit Vergnügen betrachten wird. Erfahrene Kenner werden sich nicht nur auf Steine beschränken. Denn auch Holz und Eisen können durch das unablässige Modellieren der Brandung so geformt und zugeschliffen werden, daß daraus allerlei Kreatur entsteht, bizarre, anmutige und schwermütige Figuren und Gesichter mit viel Ausdruck, trauernde Gestalten, Madonnen, ruhende Tiere, Fabelwesen, aber auch teuflische Fratzen und phallusähnliche Gebilde. Gemeint sind nicht die Versteinerungen fossiler Geschöpfe, etwa der Seeigel, sondern ein Spiel der Natur, das

zu unterhaltenden Assoziationen anregt. Es ist, als suche und bedürfe das menschliche Auge, der ungegenständlichen Kunst längst müde geworden, im unbelebten Stein die erinnernde Gestalt. Abstrakt ist der Tod.

Ich kenne da ein kleines Museum mit recht bedeutenden Erwerbungen oder Funden, die sich stilkritisch meist ziemlich genau datieren und sogar bestimmten Meistern zuweisen lassen, Rodin etwa oder Barlach. Ich selbst bin glücklicher Besitzer eines Eisenfragmentes von höchst reizvollem, mit Sandkörnern inkrustiertem rostbraunem Inkarnat. Es handelt sich um einen weiblichen Torso, den jeder Kunstfreund sofort als eine temperamentvolle Skizze zur »alten Vettel« von Rodin ansehen wird, und ich bin fest entschlossen, das in mancher Beziehung dem Original überlegene, seltene Stück nur im Falle äußerster Not (und gegen einen entsprechend hohen Liebhaberpreis) herzugeben.

Nicht übel ist auch die kleine gotische Madonna (Holz) in der erwähnten Sammlung, schwäbische Schule, wie ich vermute. Die trauernde Mutter dagegen (aus bläulichem Feuerstein) wäre ohne Käthe Kollwitz nicht zu denken. Die ägyptische Kunst ist stark vertreten, aber auch die Primitiven. Der charakteristische Negerkopf könnte aus Benin stammen.

In der Tat: ein Ausstellungsbericht über diese Werke meist anonymer Künstler wäre zum Verwechseln jeder üblichen Kunstkritik ähnlich. Hätte ich es törichterweise nicht zu Beginn verraten, kein Leser würde darauf kommen, daß es hier um ganz gewöhnliche Steine, sozusagen aus erster Hand, geht, von der Natur, von Wind und Wellen geschaffen. Manches junge Talent könnte wertvolle Anregungen davon haben.

Wenn die leidenschaftlichen Sammler dieser Naturkunst alle ihre Funde, wie ich es tue, mit nach Hause nehmen würden, bestünde ernstlich die Gefahr, daß eines Tages von der Insel nichts mehr übrigbleibt.

# *Musik der Insel*

*Brief aus Kampen*

Womit könnte ich Dich noch auf die Insel locken, wenn nicht durch Ariels Gesang, also mit Hilfe Deiner musikalischen Natur. Du wirst freilich sagen, was man dort hört, das ist doch keine Musik. Musik kann nur der Mensch machen (und die Engel). Ich gebe Dir recht, aber komm nur erst einmal und hör zu. Mit dem feinsten Ohr wirst Du sogar das zarte Klingen des Sandes vernehmen, keine Sonate natürlich, aber doch so etwas wie die freien Elemente der Musik, süßen Wohllaut jedenfalls. Manchmal freilich, wenn man irgendwo in der Mondlandschaft der Dünen in der Sonne liegt, kann man wohl erschrecken über ein unerwartetes Lachen, ein heiseres, kurzes, höhnisches hähä, daß einem die Haut schaudert, bis Du die Möwe siehst, die lautlos vom Aufwind sich vorübertragen läßt. Wenn Du über die Heide gehst, tönt die Luft von Lerchensang. Ich gebe zu, sie wiederholen sich stark, sie reiten immer wieder auf derselben Figur und demselben Rhythmus herum, darin manchen neueren Komponisten ähnlich, aber der Raum des Himmels über Dir bekommt erst dadurch seine Form, und wenn ich mir die Hölle vorstellen soll, dann in furchtbarer Stille in völliger Laut- und Raumlosigkeit.

Das Wogenrauschen des Meeres gibt natürlich auch viel her, und ich wundere mich immer, wie das Wasser, das durchsichtige und flüssige Element, so metallisch laut sein kann. Allmählich hört man auch da einen ge-

wissen Rhythmus heraus und wartet auf den Einsatz des Blechs, die Trompeten und Posaunen. Die Musik der Steine, denn auch sie, die stummen, haben ihre Musik, wenn sie in zurückflutender Welle aneinanderschlagen, und das hohle Seufzen und Gurgeln an den Buhnen – lauter Geräusche nur, wirst Du sagen, nicht Musik, aber Stimmen sind es, denen Du lauschst. Sie haben einem allerlei zu sagen.

Auch wenn man bei Ebbe am Watt entlang wandert, ehe die Flut kommt, dann hörst Du ein Singen, Flüstern und Rieseln, von den Melodien des Windes gar nicht zu reden und dem Rufen der Strandvögel, den frechen Pfiffen der Austernfischer und dem wehleidigen Tü-Tü der Rotschenkel. Manchmal dröhnt von ferne ein gewaltiger Paukenschlag, von einem Schiffsgeschütz vermutlich. Irgendwo auf Erden wird halt immer geschossen. Und dann ist da noch etwas, nicht draußen in der Landschaft, sondern in unserem strohgedeckten Haus, ein chinesischer Gong, aber nicht so ein gewöhnlicher, flacher, an die Wand zu hängen, sondern ein bäuchiges Bronzegefäß mit einer in Silber tauschierten Drachengirlande. Wenn man mit dem handgranatenförmigen Schlegel an den inneren Rand schlägt, dann tönt es minutenlang nach. Ich habe es mit der Uhr in der Hand ausprobiert. Es muß ein Tempelgong sein, denn es klingt feierlich und vertreibt die bösen Geister. Es ist ein heilsamer, die Unruhe ordnender Ton.

Doch damit Du endlich auf Deine Kosten kommst, Du musikalischer Mensch, ein wenig wenigstens, erzähle ich Dir rasch noch von Uwe, dem kaum neunjährigen Musikanten, der das Schifferklavier, die Ziehharmonika, schon recht artig zu quetschen weiß, reizend anzuschauen mit seinem Beethoven-Bubengesicht und der Pagenfrisur, seiner genierten Koketterie und koketten Geniertheit. Der kleine Künstler trägt ein brombeerfarbenes Samtwams. Er hat es bestimmt faustdick hinter den Ohren und kennt seinen Zauber.

# *Antlitz und Antwort*

*Brief aus Kampen*

Nun schreibe ich Dir schon wieder, ohne die Antwort auf meinen letzten Brief abgewartet zu haben. Das bedeutet wohl, daß meine Briefe an Dich nichts anderes als Selbstgespräche sind. Ich mache mir auch keine Gedanken darüber, ob und wann mein Brief in Deine Hände kommt. Denn Du bist gegenwärtig, während ich an Dich schreibe, und der Brief ist gleichsam schon angekommen, ehe sich die Post seiner annimmt, die ich desungeachtet für eine der liebenswürdigsten Erfindungen der Menschheit halte. Ich bin der festen Meinung, daß sie ihr Dasein einzig und allein den Liebenden verdankt. Jeder Liebende wird denken, daß sie nur für ihn da ist. Kannst Du es verstehen, daß ich, während ich noch mit Dir zusammen war, manches zu sagen unterließ, weil ich mich darauf freute, Dir's zu schreiben?

Warum ich mich so leicht entschloß zu reisen, auf die Gefahr hin, Dich lange Zeit nicht zu sehen, wird mir jetzt erst klar. Nicht daß ich hoffen könnte, Dich zu vergessen, was ich mir um Deiner und meiner Ruhe willen zuweilen ernsthaft gewünscht habe. Es konnte sein, daß meine späte Zuneigung nur von der verliebten Gegenwart und von Deinem jungen Anblick lebte. Aber nun weiß ich, daß wir befreundet sind und daß meine Reise von Dir fort eine Reise zu Dir war.

Ich habe das Gefühl, auf dem Monde zu sein, seit ich auf dieser Insel wohne. Und wirklich umschließt das

Land die Bucht, auf die ich blicke, in Gestalt eines halben Mondes, und die schimmernde Landschaft der Dünen gleicht jener, die wir durch das Fernrohr sehen. In den ersten Tagen habe ich ein wenig gezeichnet, vom Fenster aus. Zwei Rosse, ein weißes und ein rotes, und eine schöne Kuh, ein merkwürdiges Geschöpf. Denn während ich sie abkonterfeite, erkannte ich, daß die braunen Flecken auf ihren Flanken eine lächerliche Ähnlichkeit mit der Karte von Europa zeigten. Sogar die Britischen Inseln waren unschwer zu erkennen. Ich habe sie »Europakuh« getauft.

Auch ein Gedicht habe ich wieder gemacht.

Ob es gelang oder nicht, es gibt kein glücklicheres Erlebnis als die seltene Stunde des Gedichts. Dann, nach diesem zärtlichen Geschehen, habe ich an zwei Regentagen aus einem faustgroßen Lehmklumpen ein Menschenangesicht geknetet, obwohl Du es mir streng verboten hast. Du bist es oder doch ein Stück von Dir, und es scheint mir ähnlicher geworden aus dem Kopfe als meine bisherigen hilflosen Versuche nach dem Leben. Da ist es also wieder offenbar: das schöne Verhängnis meiner Natur, daß ich drei Neigungen nicht zu widerstehen vermag. Es muß wohl so sein, daß die Übung einer dieser Neigungen nicht hinreicht, sie fände denn ihre glückliche Ergänzung in den andern. Auch will mir scheinen, daß die Übung dieser Künste nur eine andere Form der Lebensäußerung ist: »Ausdruck zärtlichsten Lebensdranges«. Dabei haben Neigung und Fähigkeit unbezweifelbar ihre Gezeiten, also daß in den Wochen des Schreibens die andern Künste mir fast fremd dünken. Sie sind verstummt, sie

Liebe Freundin,

Ihre Kühe im Französischen hat mein väterliches Bauern-Herz mit Neid und Freude erfüllt! Sie vermögen Ihr Bild so gestalten, daß ich es nicht mehr verwechsle. Vielleicht macht es sogar dem Gänsehirt selbst Spaß.

Diese Kühe wohnen vor meinem Fenster. Im Augenblick [illegible] ich [illegible]. Ich bewundere sie, aber [illegible] und [illegible] [illegible] gegen sich an. [illegible] [illegible] auch ein [illegible] [illegible] ganz [illegible] ist ab- gewischt. Es [illegible] [illegible] [illegible].

ruhen. Es gilt ein Gesetz der Höflichkeit in den geistigen Bezirken. Sie wollen einander nicht stören. Dies gültige Gesetz waltet auch innerhalb der einzelnen Kunstgattungen. In den Zeiten des Gedichts will die Prosa nicht gelingen, in den Zeiten der Zeichnung ruht der Pinsel völlig, oder er versagt. Unbegreiflich erscheint es mir, wenn ich an einer Erzählung bin, daß ich je ein Theaterstück schrieb. Ich könnte mir als idealen Fall vorstellen, daß der Jüngling Liebeslieder dichtet, der Mann Dramen schafft und dem Greis das Epos zugehört.

Wie auch immer, Dein Gesicht ließ mich nicht ruhen. Wie sehr ich mich auch dagegen wehrte, es fuhr mir auf einmal in die Hände. Was Wunder? Hier ist Sand, der jede Hand verführt, daraus etwas zu formen, einen Fisch oder ein Ornament, und wirklich tut es jeder Gast dieser gesegneten Insel auf irgendeine Weise. Dann: das Meer, das ewig sich verwandelnde, das unaufhörlich Formen treibt, und der Himmel, der hier größer ist als irgendwo auf Erden, der unendlich hohe Raum, an dem gemessen jeder Stein am Strand sein eigenes Gepräge bewahrt und mehr bedeutet als anderwärts. Man bückt sich hier immer wieder, einen aufzuheben, damit zu spielen, ihn in der geschlossenen Hand zu halten, stundenlang. Das Körpergefühl ist wunderbar gesteigert, Du fühlst Dich ganz, wenn das Meer über Dir zusammenschlägt, wenn Du im Winde stehst oder wenn Du Dich mit Sand begräbst bis zum Hals, ganz wie eine Statue sich empfindet, vom Scheitel bis zur Sohle.

Du hast Dich abgebildet in mir, und nun regt sich die

Form, daß sie sich erfülle. Dennoch nenne ich es ein Verhängnis, das mir beschieden ist: bilden, schreiben, malen zu müssen. Es geht manchmal über die Kraft, wenn die ungeduldigen Reize der schönen Natur mir das Herz dreifach bedrängen, mich anschauen, anrühren und zu mir reden in Farbe, Form und Wort. Sie wollen, daß man ihnen antwortet. Sie geben sich nicht zufrieden, bis man sich ihnen fügt. Den Bedrängten vermag es wenig zu trösten, daß er dreifach empfindet und mehr vom Leben hat. Ich sehe es kommen, daß mir das lehmfarbene tönerne Abbild nimmer genügen wird mit seinen blicklosen Augen. Ich werde Dich malen müssen um dieser Augen willen, damit sich zeige, welcher Anteil der Form, dem Umriß, der Farbe zukommt und sich mir Deine wahre Gestalt offenbart. Unzulängliches, sterbliches Bemühen! Was ist gewonnen, wenn ich nicht auch Deine Seele habe? Wenn ich die rechte Antwort auf Deinem Antlitz suche, in Deinen Augen und Deinem Mund, darin die Seele am liebsten verweilt, wie sollte es geschehen ohne das lebendige liebende Wort?

Während ich schrieb, hat sich die Bucht vor meinem Fenster unaufhörlich verwandelt. Erst war sie ein brauner Sumpf, dann begann es darin zu glucksen und zu rieseln, Millionen winzige Bläschen stiegen auf und zersprangen. Dann wurde ein See daraus, friedlich und klar. Aber jetzt mit dem Abend ist ein Meer daraus geworden, dunkel und bedrohlich, und der Zug der silbernen Dünen gleicht jetzt wirklich einem halben Mond in der Nacht. Lebe glücklich!

## *Rabentraulichkeit*

Selbst auf die Gefahr hin, mir den Unmut meiner Berufsgefährten, die Verachtung der Verleger und Buchhändler zuzuziehen, muß ich dem geprüften alten Freund bis zu einem gewissen Grade recht geben, der kürzlich sagte, Lesen sei eigentlich Zeitvergeudung. Wahrhaftig eine kühne Behauptung, die um so widernünftiger erscheint, da sie von einem Manne vorgebracht wird, dessen leidenschaftliche und erwiderte Liebe zeit seines Lebens dem Buch gehörte. Aber seit meinem glücklichen Aufenthalt in Kampen auf der Insel Sylt fange ich nachgerade an, den Sinn dieser wunderlichen Äußerung zu verstehen und sie ernst zu nehmen. Ich gehe sogar noch einen Schritt weiter, obwohl ich mir dabei bewußt bin, billigerweise Hohn und Spott zu ernten, wenn ich meine, auch das Schreiben sei Zeitvergeudung, sei Verschwendung mindestens, wodurch freilich meine These etwas Schillerndes bekommt, etwas Dunkelschillerndes wie die

Rabenfeder, die vor mir liegt. Man weiß, ich habe es mit den Federn, die für mich das Sinnbild des Fliegens, des frei von Erdschwere sich in die Lüfte Hebens bedeuten, wie sie denn auch auf parabolisch-diabolische Weise Sinnbild des Schreibens sind. Ich kann nicht umhin, in diesem Zusammenhang Goethe zu zitieren, den Knaben Lenker nämlich, der also spricht:

»Bin die Verschwendung, bin die Phantasie,
bin der Poet, der sich vollendet,
wenn er sein eigenst Gut verschwendet.«

Die vorerwähnte Feder stammt aus dem nächtigen Gefittich eines echten Raben, nicht der gemeinen Krähe, sondern eines Kolk- oder Edelraben (corvus corax), und füglich müßte ich mich ihrer bedienen, um diese kleine Betrachtung zu schreiben. Es müßte keine Vogelfeder sein, sie könnte aus der Schwinge eines Engels stammen, des Todesengels, der Farbe nach. Doch so schwarz sie ist, mit einem stahlblauen Hauch darüber, ihr Kiel ist an der Wurzel weiß. Weiß nämlich (und weise) war vor ureinst und dem Apollon geheiligt der Rabe, dem Gott der Dichter also. Der Sage nach habe Apollon seinen Raben ausgeschickt, von einer Quelle zu einem Opfer Wasser zu holen. An der Quelle wuchs ein Feigenbaum, »ein lustiger Baum, lieblich anzusehen«, und den Raben gelüstete es, von den Früchten zu essen. Aber sie waren noch nicht zeitig. Also wartete der listige Vogel, bis sie reif und süß wurden, tat sich gütlich an ihnen und kehrte erst dann zu seinem Herrn zurück. Er log, eine böse Schlange habe ihm den Zutritt zur Quelle verwehrt. Für diese Unwahrheit wurde er in Schwarz verwandelt und mit der Schlange an den Himmel versetzt. Der Baum, von dem »gut zu essen« war, die Schlange, die verlorene, unschuldsweiße Farbe – erinnert dies Gleichnis nicht verteufelt an den Sündenfall der ersten Menschen?

Die Raben aber sind älter als das Menschengeschlecht. Zwei Raben sind meine Nachbarn auf der schönen Insel. Sie haben ihren Horst auf dem Haus, in dem ich wohne, auf dem First des Strohdaches neben dem Kamin, ein rauhes, unwirtliches Nest aus einem Gestrüpp von dürren, silbergrauen Zweigen. Es ist ein Rabenehepaar. Ich kann auf die Entfernung nicht unterscheiden, welches von beiden das Männchen und welches das Weibchen ist, denn sie sind beide schwarz. Ich will sie darum auch gar nicht unterschiedlich betrachten, den Raben und die Räbin, sondern als ein Sinnbild des Einander-zugetan-Seins nehmen. Ich nenne sie Garvan und Algorad und lese sie wie lebendige Schriftzeichen.

Nun bin ich wieder bei meiner eingangs behaupteten Ungeheuerlichkeit, daß Lesen und Schreiben Zeitvergeudung sei. Die vorerwähnte Zauberinsel hat es mich gelehrt, die ich Prosperos Insel nennen möchte – »und tiefer als ein Senkblei je geforscht, will ich mein Buch ertränken« –, daran gemahnen mich Himmel, Meer und Sand und jenes Rabenpaar. Die Sprache, wie sehr ich sie auch liebe, ist sie nicht im Grunde eine Mangelerscheinung, ein armseliger Ersatz für etwas, was wir verlernt haben, eine Sünde, wie es sich verbot, Gott, dem Unnennbaren, einen Namen zu geben? Dennoch: muß man sie nicht lieben, wo immer man sie hört und liest? Das Wort »ich bin« – meine ganz unwichtige Aussage, im Deutschen klingt es freilich etwas dürftig und trocken, aber auf lateinisch ist es wie der Ton einer Biene über einer Sonnenwiese: »sum«; im Griechischen gar, wie man zu einem Kinde spricht: »eimi«, auf italienisch sagt es fast: ich töne, »io sono«, französisch ist es ein hingewischtes Garnichts, ein Hui: »je suis«;

das englische »I am« gibt sich abschätzig, achselzukkend. Man muß es halt nehmen, wie es ist. Die selbstredende, spielende Natur der Insel hat es mir offenbar gemacht, daß es eigentlich keiner Worte bedarf. Man liest gleichsam in der Urschrift und Ursprache. Es steht geschrieben, mit großem, bedeutendem Finger, es ist nichts hinzuzufügen. Unsere Sprache ist ein Notbehelf. Doch was bleibt mir anderes übrig, als mich ihrer dennoch zu bedienen, sei es auch, um ihre Unzulänglichkeit zu erweisen, allein um der Tatsache willen, daß es uns trotz der Sprache versagt ist, uns mit den Tieren, den Raben zum Beispiel, zu verständigen. Seit Urzeiten leben wir mit ihnen auf dem gleichen Stern und wissen so gut wie nichts von ihnen. Vielleicht wissen sie mehr von uns, und wenn sie reden – denn gerade die Raben gehören ja zu den Vögeln, die, gleich den Papageien und Wellensittichen, unsere Worte nachreden, mit einem unstreitig ironischen Unterton übrigens, als wollten sie sich lustig machen über uns –, und wenn sie gar in unserem Tonfall lachen, dann könnte man sich fast fürchten vor ihnen, als lache die Natur uns aus.

Kein anderer Vogel, auch der Adler nicht, bedeutete je für den Menschen so viel wie der Rabe, dem man die Gabe der Weissagung zubilligt. Nach Brehm, dem Homer der Tierwelt, ist er, der schwarze, ein naher Verwandter der Paradiesvögel und zählt seltsamerweise zu den sperlingsartigen und den Singvögeln. Die Alten gaben ihm ein Leben von hundert Jahren. Noah ließ aus der Arche zuerst einen Raben ausfliegen (1. Mos. 8, 6), und Elias ward von Raben gespeist (1. Kön. 17, 6). Er ist »Ochsen und Eseln feind«. Sein Ruf: »Grab!

Grab!« macht ihn zum Unheilskünder. »Geh zu den Raben!« lautete eine Verwünschung der Griechen: Rabengalle galt als Aphrodisiakum. Wernher der Gärtner singt: »Auf einem Aste, deinem Haupte nah, einen Raben, eine Krähe sah ich da; sie kämmten dir dein blondes Haar, das lange ohne Pflege war. Zur Rechten strählte der Rabe dich, zur Linken mühte die Krähe sich – o weh des Raben!«

Meine Raben sind ein vorbildliches Liebespaar. Es ist, wenn ich den Vogelkundigen glauben darf, ein Bund fürs Leben, den sie geschlossen haben, obwohl für menschliche Augen eine Verwechslung nur allzu verzeihlich wäre. Aber wir sehen es wohl bloß nicht, woran sie sich erkennen, einander wegkennen von den Gefährten ihrer Art, die alle, so scheint es wenigstens, völlig gleich ausschauen. Sie wissen es, sie empfinden den zarten, unmerklichen Unterschied, der ihre Zuneigung bestimmt.

Es sind zärtliche Tiere, die, wenn sie auf dem First des Daches sitzen, stets ihre Nähe suchen. Sie sind zu zweien, und wenn eins von ihnen in dem schönen, gelassenen, adlerhaften Flug abstreicht, so scheinen sie einander doch nie ganz aus den Augen zu verlieren, den Augen, die blau sind in ihrer Jugend. Ohne eigentlich scheu zu sein, halten sie sich in gemessenem Abstand von den Menschen. Sie meiden sie, ohne sie eigentlich zu fürchten. Vielleicht empfinden sie die Verwandtschaft, die wir in ihnen erkennen, in der gewissen lächerlich-würdigen, professoralen Art zu schreiten, wie Herren im Frack. Was mögen sie von uns denken? Wie weit geht diese Verwandtschaft? Da ist vor allem die Zweihälftigkeit, die Symmetrie, die uns so zur Gewohnheit geworden ist, daß wir sie als selbstverständlich hinnehmen und uns gar nicht mehr darüber wundern, nämlich, daß wir aus einer rechten und linken Hälfte bestehen, aber etwa auch, daß wir eine Vorder- und eine Rückseite haben, eine bewachte und unbewachte Seite, geschaffen offenbar, daß wir von etwas weg und auf etwas zu sollen, etwas hinter uns lassen, dieses Woher und Wohin, das aller Kreatur gemein ist, auch den Raben.

Solches bedenke ich, während ich sie betrachte, die beiden Schwarzen, die, wenn auch nicht in Federfühlung, sich nahe beieinander halten, so als habe ein Seelentausch zwischen ihnen stattgefunden, daß jedes sich im andern empfindet, mehr als ein bloßes Du, zweieinig möchte ich meinen. Sie brauchen sich nicht einmal anzusehen, aber sie sind immer für einander da.

Ich glaube, wenn man eines von ihnen, sie oder ihn, mit einem Artgenossen vertauschen würde, sie würden es sogleich merken und dem vertrauten Gefährten nachtrauern, wenn ich auch nicht zu sagen wüßte, worin der Unterschied besteht. Ich vermöchte sie nicht auseinanderzuhalten, eins scheint mir wie's andere, schwarz nämlich. Warum soll diese zarte Unterscheidung anders sein als bei uns Menschen, wenn wir lieben? Ich bin überzeugt, sie erkennen einander aus großer Entfernung, da sie für mich nur eine schwarze Letter sind, die Rabe bedeutet. Für sie aber heißt das: mein Rabe, unverwechselbar.

Sie gelten als gefährliche Räuber, obwohl ihre Nahrung der unseren gleicht. Eier gehören dazu, Geflügel, Hasen, Muscheln – lauter Dinge, die auch uns schmekken. Was regen wir uns also darüber auf?

Ich habe den einen Raben bei der Jagd beobachtet, in den Dünen. Er hatte es auf das Gelege eines Austernfischers abgesehen. Das sind die drolligen, kleinen, schwarz-weiß-roten Störche, denn es kam zwischen beiden zu heftigen Luftkämpfen. Das tapfere Störchlein war entsetzlich aufgeregt und schrie und zeterte. Der viel stärkere Rabe strich gelassen ab. Verächtlich, wie mich deuchte, gab er den Kampf auf.

Wenn es so ist, daß jeder von meinen Raben genau weiß, wo der andere ist, wie sie sich denn immer wieder selbstverständlich und anscheinend mühelos zusammenfinden, dann haben sie etwas vor uns voraus. Offenbar können sie sich ganz aufeinander verlassen, ein Sinn scheint bei ihnen noch, eine Tugend, sich rein erhalten zu haben: die Treue. Möglicherweise gibt es eine Rabensprache, aber es sieht doch so aus, als bedürften sie ihrer gar nicht, dank eines animalischen Einverständnisses und gegenseitigen Inneseins, das wir Menschen weitgehend eingebüßt haben und durch Liebesbeteuerungen in Versen zu ersetzen versuchen. Wie sind sie doch einander sicher, in ihrer unwandelbaren Rabentraulichkeit! Ist es mir doch fast so, als hätte ich mir, wenn ich liebte, eben dies gewünscht, was ich voll süßen Neides in dieser Liebe wahrzunehmen meine: die Ichverwandlung, den Seelentausch, das Ich-und-Du-Sein zwischen Garvan und Algorad.

Längst ist mir klar, daß ich das, was ich in schwarzen, geflügelten Urworten in die Landschaft und den Himmel der Insel als ein Gleichnis geschrieben lese, auf den Menschen anwenden möchte, auf mich zum Beispiel, wobei ich einräume, daß ich, wenn auch nicht gerade etwas Rabenhaftes, so doch etwas von einem alterszerzausten Raubvogel oder Kakadu an mir habe und mich gern so zeichne. Es gehört nicht viel Einbildungskraft dazu. Das soll nicht heißen, daß ich lieber ein Rabe sein möchte. Kann irgendeine Kreatur zärtlicher lieben als ein Mensch? Gewiß, er hat eine erfinderische Kunst daraus gemacht, wie aus allem in seiner Unstillbarkeit, als sei die Welt nur um der Zärtlichkeit willen geschaffen, aus einem Urbehagen Gottes.

Da ich dies schreibe, fällt mein Blick auf die Telefondrähte vor meinem Fenster. Wassertröpfchen, in der herbstlichen Morgensonne funkelnd, laufen daran entlang, und wenn zwei von ihnen einander berühren, gehen sie ineinander auf und werden eins. Es geschieht, fast möchte ich sagen mit einem zärtlichen Schreck und Erzittern. So fing es an, vielleicht, mit jener Anziehung und Anhänglichkeit, der Adhäsion.

Im Berliner Aquarium sah ich eine Nashornschildkröte, ein schwergepanzertes, ungefüges, bemoostes Tier, mit ihrem Jungen. Aber auch zwischen ihnen war eine rührend unbeholfene Zärtlichkeit.

Ein andermal sah ich zwei Tauben Brust gegen Brust sitzend. Als ich vorbeiging, trennten sie sich, wie geniert. Da ich mich noch einmal nach ihnen umwandte, saßen sie wieder wie vorher still, Brust gegen Brust geschmiegt, und küßten sich.

»Einander anhangen« – nichts anderes ist es, was meine beiden Raben dartun. Freilich, den Raben sind keine Menschenmünder gegeben, und sie werden nicht viel davon haben, wenn sie sich schnäbeln. Sie paaren sich zeitig im Vorfrühling, sie erkennen sich, kurz aber nur währt die Rabenlust. Recht genügsam will sie mir scheinen, gemessen an der Menschen Liebesunrast. Doch die Zärtlichkeit zwischen ihnen bleibt, das bißchen karge Zärtlichkeit im Beisammensitzen. Was können sie sich denn Liebes erweisen mit ihren harten, an der Wurzel borstigen Rabenschnäbeln, mit ihren trokkenen Krallen? Vielleicht gilt für sie, was man von den Korjacken berichtet, bei denen das Wort »lieben« einander gern riechen bedeutet. Ich glaube, ihre Zärtlichkeit wohnt im zarten Schauder des Gefieders. Wo aber ist der Übergang vom Empfindlichen zum Unempfindlichen? Da beginnt das Geheimnis, wo etwas, das außer uns ist, ein ästhetischer Anblick etwa, sich in Gefühl umsetzt, in Wallung und Bewegung.

Der Rabenflug, den sie vor uns voraus haben, ist herrlich, anders als bei den Krähen, müheloser, gemächlicher, selbstbewußter, harmonischer, weniger flatterhaft, edler. Ihre Flügel sind Schwingen. Ruhig, bei vorgestrecktem Schnabel, liegt der Körper in der Luft wie ein Fisch zwischen dem weichen Wellenschlag der Fittiche. An Land freilich wirken sie unbeholfen und umständlich in ihren Bewegungen, huckebeinig, nicht so geschmeidig wie in der Luft. Sie haben dann etwas Ruppiges, wenn sie vom Wind aufgebürstet auf den Stoppeln des Strohdaches hocken und Ausschau halten.

Wie alt mögen sie sein? Uralt wirken sie, aus grauer Vorzeit stammend, so als seien sie noch da, als seien sie nie gestorben. Sie haben sich nicht ein bißchen verändert, sie haben es nicht für nötig gehalten, etwas dazuzulernen. Sie machen den Eindruck, daß sie sich dem Leben gegenüber genauso verhalten wie vor tausend Jahren; ihr Horst ist nicht wohnlicher, ihre Nahrung ist vermutlich noch die gleiche, ihre Sprache lautet noch wie einst: »Grab! Grab!« und nichts darüber, obwohl sie es vermöchten. Denn sie sind gelehrig und sprechen, in der Gefangenschaft aufgezogen, Menschenworte nach. Aber im Grunde bedürfen sie ihrer nicht, als wüßten sie, daß man damit auch nicht sehr viel weiterkommt. Sie belassen es geduldig bei dem, was immer war.

Worauf warten sie noch, was erhoffen sie sich? Wind und Wetter preisgegeben und immer in Trauerkleidung, sommers und winters, bei Sonne, Regen und Schnee. Ist das ein Leben?

Sie halten ihr Gefieder in Ordnung, ziehen verbrauchte Federn aus, sitzen einander gegenüber, Schnabel an Schnabel gelehnt, pflanzen sich fort wie vor alters, sterben, werden erschaffen, hassen, töten und lieben. Kein Fortschritt wie bei uns Menschen! Und dies alles nur um der kargen Zärtlichkeit und der Flugseligkeit willen?

Sie stehen im Rufe der Weisheit.

Während der Regierung des Kaisers Tiberius begab

es sich, daß ein junger Rabe aus dem auf dem Dioskurentempel zu Rom befindlichen Nest in die gegenüber gelegene Werkstatt eines armen Schusters flog, sich also dem Meister, wie Plinius bemerkt – von ihm habe ich die Geschichte – »allein schon durch die Religion empfehlend«. Der Rabe, frühzeitig ans Sprechen gewöhnt, flog allmorgendlich zum Forum auf die Rostra, grüßte den Tiberius und die Prinzen Drusus und Germanicus mit ihren Namen sowie das römische Volk und kehrte dann wieder in den Laden zurück. Mehrere Jahre erregte er durch sein drolliges Treiben allgemein Bewunderung und Zuneigung, bis ihn ein böser Nachbar, auch ein Schuster, im Jähzorn ums Leben brachte, angeblich weil er mit seinem Kot Flecken auf einen Schuh gemacht hatte, in Wahrheit wohl aus Neid, da der liebenswürdige Vogel seinem Kollegen viel Kundschaft zuführte. Der Rabenmörder ward durch die erregte Bevölkerung aus dem Stadtviertel vertrieben und bald darauf selber umgebracht. Der Rabe aber wurde begleitet von einer unübersehbaren Menschenmenge, feierlich bestattet, wobei zwei Mohrenknaben die für ihn eigens angefertigte Leichenbahre unter Vorantritt eines Flötenspielers, mit Blumenkränzen jeder Art auf den Schultern, zum Scheiterhaufen trugen, der rechter Hand der Via Appia am zweiten Meilensteine auf dem Campus Rediculi errichtet war, nämlich auf der Stelle, da Hannibal seinerzeit bei dem Marsch auf Rom umgekehrt war – gewiß viel der Ehre für einen Raben, der freilich der menschlichen Sprache mächtig und ein Liebling des Volkes war und, so könnte ich mir denken, vielleicht Pollux (oder Castor) gerufen wurde.

# *Igelgedanken*

Von den Hunderten von Badegästen, die den Strand bevölkern, hat ihn niemand bemerkt, der vielleicht schon lange mit der Flut herangerollt, von der Ebbe wieder zurückgenommen, im seichten Wasser im Sande bei andern Steinen lag: der uralte versteinerte See-Igel. Ein Badender stieß mit dem Fuß daran und achtete seiner nicht weiter. Aber die weißhaarige Frau, die schon so viele Merkwürdigkeiten am Strande gefunden hat, sah ihn, nahm ihn mit und schenkte ihn mir. Denn sie findet immer etwas, weil sie die Augen dafür hat. Für die andern war es nur ein Stein unter Steinen. Wenn ich das von Gestalt etwa einem großen Apfel ähnliche, fast ein Pfund schwere Petrefakt, das so angenehm gewichtig in der Hand liegt, betrachte, dann wundere ich mich, wie man es so lange hat übersehen können. Denn das kuppelartige Gehäuse ist, obwohl da und dort etwas eingebeult, in Form und Zierat vorzüglich erhalten, also keineswegs amorph.

Die Daseinsform des See-Igels, von dem es heute noch etwa vierhundert unterschiedliche Arten geben soll, scheint im »Kampf ums Dasein« eine vergleichsweise besonders glückliche Schöpfung zu sein. In urgeschichtlicher Zeit, so lese ich mit schuldigem Respekt vor der Zahl und der Forscheremsigkeit, soll es jedoch zweitausend Arten gegeben haben. Die See-Igel sind mit Stacheln bewehrt und, von der Farbe abgesehen, die manchmal sehr schön sein kann, ziemlich unansehnlich in ihrer Widerborstigkeit. Ohne Stacheln aber sind sie allerdings vollkommen schön.

Wenn man der »Entstehung der Arten« Darwins und der »Anthropogenie« Haeckels folgen darf, so stammen wir Menschen von dem gleichen Urwurm ab wie die See-Igel, die also, wenn man will, sehr entfernte Verwandte von uns sind. Die Haifische, was ich gerne glauben will, stehen uns dagegen sehr viel näher. Man kann sie schon beinahe Vettern nennen. Desungeachtet: Die sogenannte Erbmasse müßten wir dann doch mit den See-Igeln teilen!

Der Anblick der in seiner Architektur so untadeligen Gestalt der See-Igel-Versteinerung legt den Gedanken nahe, daß – ohne Despektierlichkeit – etwa die von Michelangelo geschaffene Kuppel von St. Peter in Rom auf solcher Urverwandtschaft beruht.

Igelgedanken, wird man einwenden, seien dies, poetische Spielereien. Allein, die moderne Wissenschaft hat, wenn ich recht unterrichtet bin, nachgewiesen, daß das Bewußtsein und die Vorstellung der Form, etwa des Mundes, auch in der Haut des Schenkels lebt oder west. Man hat sich freilich bei den Versuchen niedrig organisierter Tiere bedient, nämlich bei einem Salamander-Embryo an die Stelle, die Maul werden sollte, ein Stückchen Haut von einem Froschschenkel eingesetzt, und der entwickelte Salamander trug – ein Froschmaul!

Die Identität der Kuppel des See-Igels (einschließlich der Verstrebungen im Innern) und der Kuppel, die der Mensch zu bauen versteht, könnte biologisch aus solcher »Erinnerung« erklärt werden. Beides ist von An-

fang an in der Schöpfung weise vorgebildet und vorbedacht.

Die Materie, die einst vor Äonen in das aus Kalk bestehende Gewölbe des See-Igels eingedrungen war, es ganz ausfüllend, ist zu glashartem, dunkelgrauem Feuerstein erstarrt. Aber das echinoide Tier hat einmal gelebt, genau wie seine Artverwandten heute, war mit Stacheln bewehrt wie diese – man erkennt deutlich die Stellen, wo sie saßen –, und es besaß wie diese an der platten, auf dem Boden ruhenden Seite den Mund mit der überaus zierlichen Apparatur der Freßwerkzeuge, die »Laterne des Aristoteles« genannt wird. Sicher ist auch die Art meines Fossils »steckbrieflich« erfaßt und hat einen klangvollen Namen wie: conoclypeus conoideus. Was davon übrigblieb, ist ein würdiges Denkmal seiner selbst.

Es schadet nicht, sich einmal klarzumachen, welch

ein gewaltiger Wortschatz in der wissenschaftlichen Nomenklatur sich angesammelt hat, von dem der gewöhnliche Sterbliche meist keine Ahnung hat. Man muß nur einmal das Verzeichnis der Arten, etwa der Schmetterlinge, durchlesen. Ich mache mir manchmal das Vergnügen und freue mich an den griechischen oder lateinischen Namen wie Hypperanthus, Chrysocephala, Feruginago, Pullularia und so weiter. Ob es wohl einen Menschen gibt, der sie alle aus dem Kopfe hersagen kann? –

Als zoologischer Laie möchte ich nach meiner ganz unmaßgeblichen Meinung den See-Igel für ein zusammengesetztes Tier halten, so als hätten sich zwanzig bandwurmgliedrige Wesen zusammengetan, seien in der Angst miteinander verwachsen, um sich gemeinsam zu schützen, hätten also einen Igel gebildet, wie es auf soldatisch heißt. Es leuchtet ein, daß die verhältnismäßig dünnwandige Schale dank der sinnreichen Architektur der Kuppel den gewaltigen Druck des Wassers auszuhalten imstande ist.

Goethe hätte sicher seine Freude an dieser Versteinerung gehabt und viel Bedeutendes dazu zu sagen gewußt.

## *Sturm*

Die Nacht war sternenklar und windstill. Aber gegen Morgen erhob sich der Sturm. Er »erhebt« sich, sagt man, also wie ein Mensch oder ein Tier von seinem Lager sich erhebt. »Man weiß nicht, von wannen er kommt und braust.« Wo ist der Ort seiner Geburt, wo verlebt der Sturm seine Kindheit, wann und wo wird er sich legen und einschlafen? Wächst der sanfte Windhauch, der kaum unser Haar bewegt, zum Sturm heran, der heute mit Windstärke neun über die Insel rast? Man spürt und hört ihn, aber ihn persönlich sieht man nicht. Wohl bildet er sich ab etwa in dem blondgrünen Gras, das nachgibt, aber, wäre der Sturm auch noch so stark, sich ständig bewegt. Es schmiegt sich seinem Rhythmus an. Er atmet, er zittert am ganzen Leib, vor Zorn oder aus Furcht oder Anstrengung. Es ist, als befände er sich auf der Flucht vor etwas. Das Warnsignal, die rote, zerfetzte Fahne neben der grünen Treppe am Kliff, flattert. Sie müßte, wäre der Wind stetig, doch eigentlich stillstehen wie aus Blech geschnitten.

Heute zum Strand zu gehen, ist sehr beschwerlich. Schräg, die Schulter vorne, mit vorgelegtem Körper, hin- und hergerissen, im Gang eines Betrunkenen, stemmt man sich vorwärts. Man legt sich in den Wind. Man schlottert und der Regenmantel knallt einem um die Beine. Es verschlägt einem den Atem. Es ist ratsam, nicht zu sprechen.

Der Sturm ist unberechenbar. Eben muß man alle Kraft aufbieten, einen Fuß vor den andern zu setzen, als wate man im Lehm, da fällt man fast vornüber in eine Luftlücke, die keinen Widerstand bietet. Was da im Sturm mit einem geschieht, gleicht »stürmischen« Umarmungen unsichtbarer Liebender. Das Loslassen, Zupfen und Zerren, es ähnelt stark der Leidenschaft, den Vertraulichkeiten, den Launen und der Heimtücke des Meeres, wie es der Badende erlebt. Vielleicht, wenn der Wind gefärbt wäre, würde man Wogen und Wirbel sehen wie im Meer. Am heftigsten, unwiderstehlichsten fegt er über die Kante des Steilufers, das ihn aufhält in seinem Rennen. Nur ein kurzes Stück Wegs hat er die gesammelte Kraft. Man muß die Hand vors Gesicht halten. Wie mit Nadeln schmerzhaft stechen die Sandkörner, die der Wind mit sich führt.

Das Meer ist völlig außer Rand und Band. Es ist zum Fürchten schön. Wer es so zum ersten Male sieht, den überkommt, wenn er natürlich antwortet, mit Recht die Angst. Es hat etwas Verzweifeltes, Gepeinigtes, bäumt sich auf wie vor Schmerz, wie ein gepeitschter Mensch. Es ist zutiefst aufgewühlt. Es leidet.

Die See brandet bis an die Dünen. Wie der Wind scheint sie auf der Flucht vor etwas Entsetzlichem zu sein, so wie sich die Sprotten vor den Makrelenschwärmen ins Seichte flüchten und lieber am Strand verenden, als gefressen zu werden. Die Brandung ebnet mühelos die Sandburgen der Badegäste ein, und die durch die Sirene alarmierte Ortsfeuerwehr muß die gefährdeten Strandkörbe in Sicherheit bringen. Drei hat das Wasser schon mitgenommen, viele unterspült und mit Sand verschüttet. Sie müssen ausgegraben werden.

An den freien Stellen des Strandes jagt dicht am Boden der feine Flugsand hin. Große irisierende Schaumknäuel treiben, sich überkugelnd und zitternd, im Wind.

Nicht in regelmäßigen Reihen wie an andern Tagen rollen die Wellen heran. Sie sind in Unordnung geraten, sie genieren einander, sind sich ständig im Wege, wissen nicht mehr, wo ein und aus. Ihr Benehmen erinnert ein wenig an den Sturm des Publikums an einer Theatergarderobe. Es herrscht rücksichtslose Panik im Meer. Die eisernen Buhnen, durch menschliche Vorsicht den Sand zu befestigen alle paar hundert Meter errichtet, schlitzen die Wogenleiber auf. Hoch spritzt der weiße Gischt und geifert die Buhnen entlang.

Die sonnengebräunten Gesichter der Neugierigen werden weiß vom Salz. Man schmeckt es, wenn man mit der Zunge über die Lippen fährt.

Unaufhörlich rauscht das Meer. Man hört die einzelnen Instrumente nicht heraus, hört nicht den Sturz einzelner Wellen. Unisono wie ein Wasserfall braust es. Es ist nicht dunkel, nicht blau, wie sonst zuweilen: es ist blond und weiß, weit hinaus.

Unbeirrt schweben im Gleitflug, vom Aufwind getragen, die Silbermöwen den Grat der Dünen entlang. Ihre Flügel zittern wie die Tragflächen der Flugzeuge. In unheimlicher Geschwindigkeit ziehen, quer zum Sturm, Schwärme von Strandläufern ein paar Meter nur über das entfesselte Wasser dahin, diese kleinen, zerbrechlich wirkenden Vögel. Im Hui sind sie vorüber.

Wenn man dann ordentlich durchgeblasen, nun den

Wind im Rücken und sich an ihn lehnend, den Mund und die Ohren voll Sand, mit brennendem Gesicht sich nach Hause wehen läßt, ist einem nach einem steifen Grog zumute. – Nach zwei Tagen liegt die Nordsee ruhig wie ein nasser Lappen, als wenn nichts gewesen wäre.

## *Es paßt nicht jeder hierher*

Heuer habe ich es mir ganz fest vorgenommen, keine Muscheln, Steine und andere Merkwürdigkeiten zu sammeln, auch keine der Netzkugeln aus grünem Glas, wie mir eine im vergangenen Jahr, als ich am Strande von Kampen ambulierte, mit einer Welle gerade vor die Füße rollte.

Man hat schließlich gewisse Rücksichten gegen seine Familie, und unser Häuschen ist klein. Es geht wirklich nicht, daß ich jedes Jahr mit einem Koffer voll »Strandgut« nach Hause komme, bis am Ende die Muscheln, Haifischeier, Schneckengehäuse aus den Fenstern quellen. So viel Platz haben wir nicht. Das sehe ich ein.

Und doch, ich kann's halt nicht lassen. Es ist gar zu verlockend. Voriges Jahr hatte ich eine erlesene Auswahl bunter Steine beisammen, deren Namen ich nicht kenne (dafür ist Freund Piper* zuständig), rote, blaue, grüne, gelbe, scheckige. Ich tat sie in ein Einmachglas, ich legte sie sozusagen ein, wie man Eier oder Früchte einlegt. Man konnte es für Mixed Pickles halten, und wirklich ließen sich Freunde täuschen, als ich das Glas auf den Mittagstisch stellte. Kindskopf, wird man sagen, und ich frage mich selbst zuweilen in schwachen Stunden, wann ich meinem Vornamen Ehre mache und ernst werde, erwachsen und würdevoll. Ich fürchte bloß, man hat nicht viel davon.

* Reinhard Piper, der mit Penzoldt befreundete Verleger des Münchener Piper Verlages.

Nun bin ich schon den dritten Sommer in Kampen, auf Prosperos Insel, dank der Güte meiner Verlags-Eltern wohne ich in dem gleichen Zimmer mit dem Blick auf die Dünen.

Ich bin in einem Dilemma. Ich liebe Kampen (und es erwidert meine Zuneigung). Aber eigentlich darf ich nicht davon reden, wie zauberhaft schön es hier ist. Denn am Ende kommen die Menschen, die mein Loblied hören, alle angereist, und das möchte ich nicht. Es paßt nicht jeder hierher. Ich weiß genau, wer von meinen Freunden und Bekannten hierher gehört und wer nicht. Du natürlich schon, du aber nicht.

Es kann passieren, wie es jener liebenswürdigen Schweizerin erging (die durchaus kampenfähig war), daß man durch die Dünen wandert, ganz allein und einen die Angst überfällt. Sie fing an zu laufen, um der Einsamkeit zu entrinnen und kam mit erschrockenen Augen nach Hause.

Man kennt die Geschichte von dem griechischen Schiffskapitän, dem der Auftrag wurde, wenn er an einer bestimmten Insel vorübersegle, zu rufen: der große Pan ist tot! Er tat es, und alsbald erhob sich ein Seufzen und Klagen auf der Insel.

Nein. Er ist nicht tot. Wer je durch die Dünen von Kampen wanderte, weiß das.

Es ist alles noch da: das schwarze Kaninchen, das in dem verwunschenen kleinen Rosengarten wohnt, der Kuckuck, den ich schon tausendmal gehört habe (wobei ich jedesmal auf meine Brieftasche klopfe, ohne daß es freilich geholfen hätte), die Lerchen, von denen unpoetische Menschen sagen, sie sängen keinesfalls zu Gottes Lob, sondern »um ihr Gebiet zu beschreien«, so lautet der Fachausdruck. Auch die Raben sind noch da und haben sich heute früh vor meinem Fenster, in der Krüppelfichte (wo sie im vergangenen Jahr zu horsten versuchten und der einäugige schwarze Kater die Jungen fraß), mit zwei Krähen eine regelrechte Rabenschlacht geliefert. Sie beschimpften sich dabei in Ausdrücken, auf krahrabisch zum Glück, die wiederzugeben mir der Anstand verbietet. Die Wicken blühen zwischen dem Strandhafer und die weißen Rosen, die ich Mondrosen getauft habe, wegen des mondscheinzarten Hauches von Grün auf den Blüten.

Natürlich gibt es auch noch »Abessinien« am Strande jenseits der Korbgrenze, wo Männlein, Weiblein und Kinderlein adamitisch baden, damit zwar nicht mein Schamgefühl, aber meinen Schönheitssinn verletzend. Es gibt, mit wenigen Ausnahmen, doch recht scheußliche Exemplare unter der Spezies Mensch! Ein wahres Glück, daß sie es selber offenbar nicht merken und sich wohl gar noch wunderschön finden. Ich wollte, sie wären gefiedert nach meiner voll und ganz unmaßgeblichen Meinung.

# *Erzählende Texte*

# *Wo der Himmel größer ist**

»Einmal Gott von Angesicht zu Angesicht zu begegnen – wie schön wäre das. Und wie leicht, ihn zu lieben, käme er jetzt in angenommener menschlicher Gestalt über das Meer gegangen oder durch die Dünen. Und mit ihm zu reden, wie es vor Zeiten gewöhnlichen Sterblichen geschehen war, zum Beispiel dem jungen Lazarus in Bethanien, unweit von Jerusalem, wovon der Apostel Johannes erzählt im 11. Kapitel seines Evangeliums. Oder auch nur einem Engel. Aber warum ihnen und damals? Warum nicht mir und heute? Warum bin ich ›Ich‹ und kein anderer?«

So ungefähr und nicht zum ersten Male dachte der Knabe Harm vor sich hin, während er im Windschatten einer Sandwächte nahe am Meer nackt in der Sonne lag, von ihr durchwärmt und vom Wind gekühlt, sich ganz und mit Urbehagen empfindend. Er hielt die Augen geschlossen. Wenn er sie auftat, sah er durch das blonde Dünengras das Meer, sah den weiten Himmel über sich, den Sand und von sich selbst gerade so viel, als ein Mensch mit seinen Augen zu überblicken vermag, wenn er keinen Spiegel hat, ohne den, wenn es ihm kein anderer sagte, er wenig von seinem Angesicht wüßte, als sollte er es gar nicht wissen, welche Farbe seine Augen oder die Haare haben.

Harm dachte auch nicht in Worten und fertigen Sätzen, die man aufschreiben könnte, wie ich es notge-

* Auszug aus dem Romanfragment »Lazarus«, dessen Handlung auf Sylt spielt.

drungen zu tun versuche. Es waren vielmehr Empfindungen, einem Vorsichhinträumen ähnlich.

Dem Knaben Harm erschien seine – wie drücke ich es aus? – seine Gottesneugier nicht weiter verwunderlich, schon gar nicht, seitdem er auf der Insel Witt* lebte, wo der Himmel über ihm größer war als irgendwo auf Erden und der Übergang vom unendlich großen bis zum winzig kleinen Sandkorn so unvermittelt, daß alle Größenverhältnisse aufgehoben waren. Was fern schien, war in ein paar Schritten zu erreichen, Nahes in weite Ferne entrückt.

Wenn Harm wie eben jetzt in der Sandmulde lag, so konnte er das Gefühl dafür verlieren, wo sein Körper aufhörte und die Insel begann. Ihm war, als sei sie ein lebendiges Wesen und er nur ein Stück von ihr, ja zuzeiten, als seien er und die Insel ein und dasselbe. Er meinte zu empfinden wie sie, und der Wind in seinem Haar gehe damit nicht anders um als mit dem Strandhafer rings um ihn. Es kam vor, daß Harm seiner selbst so völlig vergaß, als wäre er gar nicht da und erlebe, was unmöglich erscheint, die Natur, wie sie mit sich selbst allein gelassen ist, ohne den Menschen.

Er lag auf dem Rücken im Sand, dem zärtlichen, den er liebte, lag ganz gelockert und schwerelos. Wenn die Wärme der Umluft und seiner Haut einander gleich waren, konnte es geschehen, daß er nichts mehr spürte, daß er, ohne zu schlafen, völlig gedankenlos war, in einem Zustand schmerzloser Seligkeit. Er war immer ein wenig traurig, wenn er dann wieder zu sich

* Fiktiver Name für Sylt.

kam. Er sah sich verwundert um, spürte sich, lebte, empfand sein Ich fast wie einen Schmerz. Ich – es klingt fast wie ein Seufzer.

Das Inselgefühl verließ ihn nie, die Meerumschlungenheit, das »wie auf einem Schiffe sein«. Es würde ihn nicht sehr gewundert haben, wenn die Insel Witt eines Tages oder Nachts auf und davon geschwommen wäre, um in Afrika oder auf den Bermudas zu landen. Das Inselschiff hatte einen Leuchtturm, so daß es auf seiner Fahrt auch nachts nicht Gefahr lief, mit andern Inseln zusammenzustoßen.

Harm hatte eine deutliche Vorstellung von seiner Insel mit allem, was darauf war, so wie sie von den Wolken aus gesehen sich darbot und auf der Landkarte getreulich abgebildet wurde. Von oben gesehen, aus der Möwenperspektive, glich sie von ungefähr einem fliegenden Schwan, den gestreckten Hals gen Mittag gerichtet, die Schwingen nach unten geschlagen. Anders herum betrachtet, wurde der Schwanenflügel zum Segel eines gebrechlichen Bootes exotischer Herkunft, und wieder anders gesehen, erinnerte sie Harm an einen Skorpion oder auch an ein Känguruh mit seinem Schweif und den Springbeinen. Dieser Schweif war beängstigend schmal, so sehr, daß zu befürchten stand, durch eine besonders heftige Sturmflut könnte die Insel, wie schon ein großer Teil von ihr in geschichtlicher Zeit, gleich der Rinde eines Butterbrots verschlungen werden. Denn nur noch die Rinde war übriggeblieben, und noch immer wurde sie benagt. Wahrhaftig, es war nicht ausgeschlossen, daß der Rest der Insel eines Tages versinken und untergehen würde,

wie ein Schiff mit Mann und Maus, samt dem Leuchtturm, der einem Phallus glich.

Es gab auf Erden wohl keinen Ort, der Harms Vorhaben, einem Gott zu begegnen, günstiger sein könnte. Nicht daß die Insel Witt völlig aus der Welt war, aber es gab da gewisse Stellen, wo man vergessen konnte, daß es volkreiche Städte gibt mit allen Vorzügen und Unarten der modernen Zivilisation, die man gemeinhin Errungenschaften nennt, wo einen nichts an das Zeitalter der Technik erinnerte, in dem wir heute leben. Es gab Stellen, wo man nichts sah als eben nur Sand, Dünengras und Himmel, Stellen ohne Geschichte, ja ohne Gegenwart, Stellen, wo man als Mensch fast das Gefühl hatte zu stören. Nirgendwo anders würde man es als so selbstverständlich hinnehmen, wenn ein Engel gleich einer Silbermöwe vorüberflöge.

Harm oder irgendwer sonst brauchte keine halbe Stunde vom Dorfe Yxbüll entfernt zu sein, um dieser Weltabgeschiedenheit innezuwerden. Denn es gab Dörfer dort zu Lande, die von überall her von Sommergästen besucht werden. Sie kamen in Scharen, um die Einsamkeit zu suchen, die ihnen der farbige Prospekt, mit einer lächelnden Strandnixe auf dem Umschlag, versprach. Es gab Kaufläden mit Gummitieren zum Aufblasen, bunte Fähnchen, Sandkuchenformen, Eimerchen mit Micky-Mäusen geziert, Spaten zum Strandburgenbau, es gab eine liebenswürdig komische, museumsreife Inselbahn, eine betonierte kahle Autostraße, Post, Telefon und elektrisches Licht. Es gab Menschen. Aber die Insel hatte einen geheimen Zauber, diese ganz gewöhnlichen Sterblichen aus Hamburg, Berlin oder München alsbald in eine Art elbischer Wesen zu verwandeln, ob sie wollten oder nicht. Vielleicht war es gar nicht der Zauber, sondern nur die nüchterne Wahrheitsliebe der Landschaft, die sie verwandelte. Wer sich mit der Insel einließ, deren Witterung ausgesprochen wankelmütig war und bald Sahara, bald Nordpol sein konnte, und das geschah vielen, wer sich in die Insel verliebte, ihr verfiel wie Harm, tat es auf eigene Gefahr. Die Insel war alles andere als ein Paradies, sie konnte sehr ungemütlich werden. Sie schien die Heimat der Winde aller Himmelsrichtungen zu sein. Sie war keineswegs fruchtbar, sondern karg, fast baumlos. Und doch wuchsen Rosen hier in Wind und Wetter, zarte weiße Rosen mit einem Hauch von Grün, so daß sie Mondrosen heißen.

Harm ging gegen den Wind auf einem schmalen

Heideweg und ließ sich Zeit. Es gab eigentlich nichts und doch sehr viel zu sehen und zu hören. Er sah die schwärzlich-silbergrauen, seltsam gewundenen Spiralen der Heidewurzeln, die in langsamer Qual des Sichvorwärtsschraubens, sich Bäumens und Kriechens erstarrt waren. Er hörte das Musizieren der Lerchen, den klagenden oder vorwurfsvollen Ruf von Strandvögeln, die er nicht kannte, von Regenpfeifern und Rotschenkeln, und sah die einem fernen Gebirge gleichenden Dünen, deren kahle Flächen ewigem Schnee ähnelten. Aber es war Sand, von dem Harm sofort eine Handvoll schöpfte, um den feinen Körnchen zuzusehen, wie sie auf seiner Handfläche im Winde wirbelten und durcheinander tanzten, als wären es Flöhe.

Als er die Dünen erreicht hatte, merkte er, daß es müde machte, im Sand zu gehen und daß es einer andern Art des Gehens bedurfte als auf festem Boden. Nun sah er, daß die Dünen, die ihm so hoch wie Berge erschienen, nur Hügel waren, daß er beständig vexiert wurde und sich in den Größenverhältnissen irrte. Natürlich stieg er die höchste Düne hinauf und spürte schmerzhaft, wie ihm der Wind den Sand ins Gesicht warf, der immer unterwegs war und doch nicht weniger wurde. Tief unter ihm, so meinte er, breiteten sich Wälder und Steppen. Aber als er den Hang rutschenden Schrittes herabkam, war es nur niedriges Wachstum.

Harm ging nun rascher, um endlich ans Meer zu kommen, das er schon vom Gipfel der hohen Düne gesehen und gehört hatte. Nochmals war ein Dünenkamm zu ersteigen.

»Mondlandschaft!« mußte Harm denken, und er sah

weitum keinen Menschen. Er kam sich sehr klein und verlassen vor in dieser Wüstenei und fühlte sich von allen Seiten und wie von oben angeschaut, obwohl doch Yxbüll und das kleine Igelhäuschen kaum eine halbe Stunde entfernt waren. Zuletzt noch hatte er es von dem Dünenberg aus gesehen: die strohgedeckten Häuser, die einer Herde von Mammuts ähnelten, so daß man erwarten konnte, sie würden sich jeden Augenblick in Bewegung setzen. Manche hatten ein Junges dabei, einen Schuppen. Nur den Leuchtturm sah er noch über die Dünen ragen.

Es gab Hünengräber aus grauer Vorzeit. Die Vorstellung von der Auferweckung des Lazarus war hier ebenso überzeugend wie das Wandeln Jesu auf dem Meere.

Es war eine biblische Landschaft.

»Das Meer«, sagte Dr. Jokim*, »man kann es, glaube ich, nicht beschreiben, Harm. Nein, man kann es nicht. Ich möchte wohl wissen, warum es so heißt, warum jemand zum ersten Male: Meer! sagte oder mare und es bedeutete es. Was haben das ›M‹ und das lange ›E‹ und das ›R‹ damit zu tun? Es ist kein überzeugendes Wort dafür. Eher das griechische thalatta oder thalassa, da ist doch etwas vom Rhythmus des Wellenschlags zu spüren. Das Wort bewegt sich und ist naß. Meer, das sagt wenig oder nichts, wenn man es kennt, das große Wasser, wenn es nicht am Ende die Einsamkeit meint. Ich kenne es nun schon dreißig Jahre lang,

* Harms Vormund , der auf der Insel lebt.

vom Strand aus, von der Felsenküste, vom Schiff und aus der Luft. Und vom Baden. Du wirst es spüren, beim Baden und Schwimmen im Meer, da lernst du es am besten kennen. Sicher hat irgendein Mensch es ausgerechnet, wieviel Liter Flüssigkeit das Meer enthält und was es wiegt. Aber das sagt einem gar nichts. Ich habe es nie verstehen können, warum manche Leute an gewaltigen Zahlen, Mengen und Massen sich berauschen. Denn das tun sie. Das Maß ist endlich. Ich möchte gar zu gern wissen, wann etwas für unsere Sinne aufhört, noch als Größe begriffen zu werden...«

»Ich habe richtig Angst«, gestand Jokim, »es könnte dir am Ende nicht gefallen, es könnte dir gehen wie mir, als ich das Meer, ich war etwa so jung damals wie du, zum ersten Male mit meinen Augen erblickte. Ich war tief enttäuscht. Denn es sah wahrhaftig wie Spülwasser aus, unsauber, schmutzig. Dabei hatte es etwas Unzufriedenes, Übellauniges. Die Wellen waren kurz, unlustig, hüpfend, nervös. Es rauschte nicht, es schmatzte. Zudem regnete es in Strömen. Mich fröstelte. Der Himmel war ganz niedrig und die Wolken so naß. Ich war nahe am Heulen. Ich war traurig, ja, und – vielleicht drückt das Wort Meer dies in unserer Sprache aus –: Traurigkeit, unerfüllte Sehnsucht. Es reimt sich auf leer. Kannst du es verstehen, daß ich nicht gerne möchte, daß es dir so geht wie mir?«

Jokim brauchte sich nicht für das Meer zu schämen. Natürlich hätte er es Harm am liebsten während eines Sturmes vorgestellt oder doch bei starker Brandung.

Die Insel Witt ist durch einen Eisenbahndamm wie mit einer Nabelschnur mit dem Festland vertäut. Der Damm führt durch das Watt, das noch kein richtiges Meer ist... Die Landschaft will es, daß die Deiche den Blick auf das Wasser verhindern, bis man ganz nahe ist.

Es war später Nachmittag, als der Schnellzug mit nur ganz wenigen Reisenden – Jokim und Harm hatten zuletzt einen ganzen Waggon für sich und konnten nach Belieben von Fenster zu Fenster gehen – als der Zug das Festland verließ und, so schien es, in die freie Luft hinausfuhr.

Denn Himmel und Wasser waren eins. Man konnte bei völliger Windstille beinahe nicht unterscheiden, was oben und unten sei. Das Meer, es war nicht da. Es hatte sich offenbar in Luft aufgelöst. Natürlich schwappte das Wasser an den Damm, aber die Möwen- und Austernfischer, die im Seichten hin und her liefen, längst daran gewöhnt, daß ihnen der Eisenbahnzug, dieses lärmende Tier, nichts tat, sie liefen wie auf einem Spiegel, und wenn sie darein pickten, dann küßten ihre Schnäbel sich.

»Die Natur ist zu loben. Vortrefflich! Es könnte sich nicht glücklicher fügen«, sagte Jokim. Er konnte, wenn er sich freute, manchmal aussehen wie ein kleiner Bub.

Durch die Luftspiegelung kam es, daß nun auch das Festland entschwand, noch ehe die Insel sichtbar wurde. Seiltänzerisch fuhr der Zug aus dem Nichts ins

Nichts, ans Ende der Welt. Es konnte einen fast wundern, daß noch etwas kam.

Jokim hätte Harm die Ankunft in dem weltbekannten Badeort Wittorp gern erspart. Aber Harm war schon jenseits aller Enttäuschung, ganz besonders jetzt, da sie aus dem ziemlich modernen D-Zug in die sogenannte Inselbahn umstiegen, wie in eine andere, längst vergangene Zeit.

So kam Harm auf die Insel.

Die kleine, aufgeregt dampfende Lokomotive, offenbar eine Enkelin jener Maschine von der Nürnberg-Fürther Eisenbahn, trug den irreführenden Namen »Blitz«. Die stark rüttelnden, geräuschvollen und schlecht gefederten Wagen waren in ihrer Jugend vor etwa fünfzig Jahren hochmodern und elegant gewesen. Ein erblindender Spiegel mit Ornamenten im Jugendstil erinnerte noch daran.

»Ich sage es dir nur rein vorsorglich, und es darf dich nicht weiter stören, aber ich kenne hier auf der Insel natürlich ziemlich viele Menschen, und sie sind zum Glück fast alle ein ganz klein bißchen verrückt. Denn wer es nicht ist, paßt nicht auf die Insel.«

»Wirklich verrückt?«

»Doch, das sind sie, aber nicht anstaltsreif, das mußt du nicht meinen. Sie sind meist harmlos. Es gibt ja so viele Arten eines sozusagen ganz normalen Irreseins. Die Sammelwütigen gehören dazu, die Schwärmer für einen naturgemäßen Lebenswandel, die selbstlos Gütigen, die abstinenten, die Künstler und die Verliebten aller Gattungen. Du wirst es bald heraushaben. Ich nehme mich und dich übrigens nicht aus.«

Das kleine Haus im Dorfe Yxbüll, das Jokim gehörte, war aus bordeauxroten Backsteinen gebaut und trug ein Strohdach tief ins Gesicht gezogen wie eine Igelmütze. Harm meinte, Stroh, Meer und Sturm würden sich nicht vertragen. Ein Strohdach, so schien ihm, müßte im Wind sich sträuben, aufgebürstet werden und die Halme wie Haare zu Berge stehen. Allein das leere Stroh erwies sich als die einzig richtige Bedekkung dortzulande. Es hatte sich seit Jahrhunderten bewährt, es hielt warm, das Regenwasser lief daran ab, und die vielen tausend, anfangs goldblonden, später silbergrauen kleinen Orgelpfeifen tönten ganz herrlich im Wind.

Jokims Häuschen, das im Dorfe »der Igel« hieß und auch wirklich einige Ähnlichkeit mit diesem nützlichen, klugen Tier und der Weltanschauung seines Besitzers hatte, war von einem Wall aus Steinen, von Grasnarbe und von wilden Rosen umfriedet. Die kleinen Fenster konnten gerade noch zwischen der Krempe des Strohdachs und dem Wall hinaussehen, und obwohl sich das Häuschen in die Landschaft duckte, wie eben ein Igel oder ein Hase, hatte Harm aus seinem Zimmer eine herrliche Aussicht auf das Meer, die Dünen und das melancholische Watt.

Es schien Harm die begehrenswerteste und gemütlichste Wohnung der Welt zu sein, innen wie ein Schiff im Kajütenstil eingerichtet, der freilich nur das Notwendigste an Besitz erlaubte... Harm und sein Vormund gingen am Abend der Ankunft nicht mehr an den Strand. Doch sah Harm das unbewegte Meer von ferne in der Dämmerung als taubenblauen Streifen zwischen den Senken der blonden Dünen, höher als die Insel. Man konnte meinen, daß das Meer, wenn es nur wollte, ohne Mühe das Land überfluten könnte. –

Jokim hatte ihm empfohlen, in nordwestlicher Richtung durch die Dünen zu wandern, der Badegäste wegen. Als er den letzten Dünenzug erklommen hatte, wobei ihm, dem Unkundigen, der spitzige Strandhafer die Beine zerstach, sah er endlich das lebendige Meer ganz nahe, das göttliche.

Harm hatte es sich noch größer, lauter, gewaltiger vorgestellt, obwohl es sich heute von seiner besten Seite zeigte. Es war jedenfalls kein Spülwasser. Aber es herrschte auch kein Sturm, wie Harm ihn später erleben sollte, jedoch ein hoher, geordneter Wellengang: das Meer im Sonntagskleide sozusagen (denn es war Sonntag), schneeweiß der Gischt der Wogenkämme, blaugrün die Täler.

»Es ist schon schön«, sagte sich Harm, »es ist wahrhaftig der Mühe wert.«

Er wäre vermutlich, hätte er die Welt zu schaffen gehabt aus dem Nichts, nicht so ohne weiteres auf diesen Einfall gekommen. Er ließ sich auf dem Grat der Vordüne nieder und betrachtete das Meer in aller Ruhe. Er hatte nur ein wenig rasten wollen, um dann an den Strand hinunterzugehen und zu baden. Aber nach einer Stunde saß er noch da und schaute und schaute. Er vergaß sich selbst. Er war gar nicht mehr da. Er war wohl, so legte er sich's hinterher zurecht, aus sich selbst durch die Augen hinausgestrahlt und hatte sich dem Meere anverwandelt und kam doch zugleich in

unaufhörlichem Rhythmus, in Gestalt der Wellen auf sich zu, immer wieder von neuem. Nach einem geheimen Gesetz schienen es fast immer drei, vier große Wellen zu sein, die hintereinander zum Strand liefen. Dann mußte das Meer Atem holen, und das Spiel wiederholte sich von neuem.

Harm erinnerte sich an eine schwere Krankheit, es war eine Bauchfellentzündung gewesen, da waren die Schmerzen im gleichen Rhythmus oder in Wellen gekommen, hatten pausiert und von neuem angesetzt, wie jetzt das Meer es machte. Einem gleichen ewigen Kommen untertan.

Es dauerte eine gute Weile, bis Harm sich diesem Rhythmus angepaßt und eine gewisse Ordnung in das Ganze gebracht hatte, wie die Welle sich bildet, hochgeht und dann gleichsam den Leib einzieht, den Rükken beugt, sich tief vor irgend etwas verneigt, um sich dann in sich selbst zu überschlagen. Es war etwas Zwangsläufiges, fast Krampfhaftes dabei, ein Nichtanderskönnen, gegen das es nichts half, sich zu wehren. Denn es schien sich allerdings zu wehren, es wollte offenbar nicht, aber es mußte sich verbeugen, niederfallen immer und immer wieder.

Harm gewöhnte sich bald daran, so daß er gleichsam mit der Zeitlupe dem Ansteigen, Überstürzen, in sich Zusammenbrechen, dem Auslaufen am flachen Strande auf dem Wieder-in-sich-selbst-Zurückströmen genau mit den Augen folgen konnte. Er sah auch die Schaumornamente, mit denen die Höhlung der Wellen geziert war, sah das Gekräusel kleiner Wellen auf den großen, die flüssigen Verschiebungen, das

Übereinanderweglaufen, und er wurde des Schauens nicht müde. Den Geruch des Meeres kannte er schon. Es roch nach Austern.

Nur wenig Badegäste gingen den Strand entlang, badeten oder lagen in den Mulden der Dünen, um sich zu sonnen.

Nun zog sich auch Harm aus (man badete nackt an dieser einsamen Stelle des Strandes) und lief dem Wind entgegen den Hang hinab, plätscherte ins Wasser, steckte den Finger hinein und kostete davon, um sich dann dem Meer gleichsam in die Arme zu stürzen. Denn es hatte für ihn eine unwiderstehliche Anziehungskraft.

Harm hatte sich sagen lassen, daß die See ihre Tükken habe, auch wie man die Wellen nehmen und vorsorglich die Gezeiten beachten müsse, den Flutkalender, und daß man nicht bei Ebbe baden sollte, denn sie zog einen oft, ehe man's recht gewahr wurde, hinaus, die Unterströmung, der Sog. Harm konnte schwimmen, aber seine Haut war noch weiß. Er wurde überhaupt nie sehr braun.

Schon beim ersten Überbraustwerden hatte er ein herrliches Zugehörigkeitsgefühl. Wonne und Schauder dieses Überströmtseins ergriff ihn ganz und gleichzeitig. Er spürte auch sofort die Verlockung, die Überredung der Tiefe mit ihrer »Unterwasserherrlichkeit«. Wie eine Urerinnerung daran, daß auch er aus dem Meere kam und nur »Gestalt gewordenes Wasser« war.

Harm schwamm gern unter Wasser und mit offenen Augen. Er hatte keine Angst außer vor Haifischen.

Jokims Rat eingedenk, doch höchst ungern, ließ er's fürs erste bei sieben starken Wellen bewenden. Er merkte erst, als er, nachdem er Gesicht und Hände getrocknet hatte und sich in seine Sandmulde legte, daß es fast schon zuviel gewesen war. Also ruhte er sich aus in der Sonne, das Wohlgefühl der Ermattung genießend, nach der stürmischen Umarmung mit dem Meer und seiner Prügelkraft, genießend auch die Zärtlichkeit des sonnendurchwärmten Sandes und das vom Wind Gestreicheltsein. Harm machte sich's bequem, schob den Sand zu Häupten zu einem Nackenkissen zusammen, breitete die Arme aus und schloß die Augen.

Noch nie meinte er seines Lebens so froh, noch nie so restlos glücklich gewesen zu sein.

Auf dem Heimweg, der ihm, so müde war er vom Baden in der Brandung, von so viel Sonne und Wind, viel länger vorkam als am Vormittag, erlebte es Harm, daß es einem Neuling wie ihm leicht widerfahren konnte, sich zu verirren. Wieder waren auf einmal keine Menschen mehr weit und breit. Das Wetter wurde, ohne daß er es hatte kommen sehen, plötzlich trüb. Die Sonne verlor ihren Schein.

Schattenlos, fahl, unheimlich still, denn der Wind war eingeschlafen, lag die Mondkraterlandschaft vor Harm. Es wurde neblig. Irgendwo, wenn er in östlicher Richtung ging, mußte er doch das Bahngleis der Inselbahn schneiden. Die Dünen sahen alle einander so ähnlich.

Der Nebel dämpfte den Schall, so daß Harm nur noch das weiche Geräusch seiner eigenen Schritte im

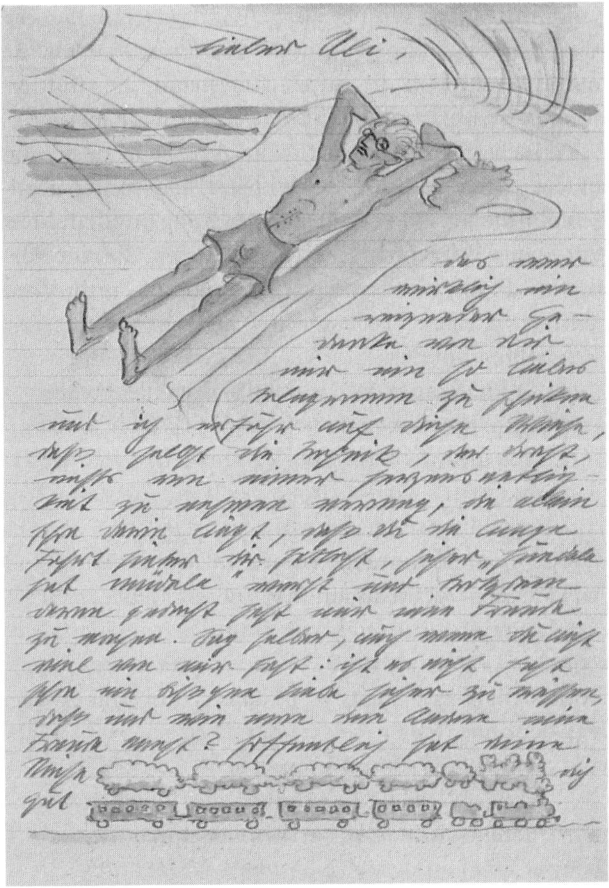

Liebes Uli,

das war wirklich ein reizender Gedanke von Dir mir ein so liebes Telegramm zu schicken und ich entnehme auch diesen Worten, daß selbst die Zukunft, der Beruf, nichts von einem [illegible] zu nehmen vermag, der allein schon darin liegt, daß Du die lange Fahrt hinter Dir hast, schon „Händele hat Wändele" macht und [illegible] gemacht hast um ein Freunde zu machen. Ich selber, auch wenn Du auch mal was von mir hast: ist es nicht schön ein bißchen [illegible] zu wissen, daß uns [illegible] den Andern eine Freude macht? Hoffentlich hat deine Reise sich gut [illegible]

Sand hörte. Und wie ein Gespenst stand nahe vor ihm sein eigener Schatten auf, im Nebel abgebildet, als für einen Augenblick die Sonne durchkam. Die Entfernungen narrten ihn noch mehr als am Morgen.

Endlich überquerte er die Bahn. Er war an einer ganz anderen Stelle, als er erwartet hatte, viel weiter nördlich auf die Straße gekommen. Auf der Straße fuhren Autos, als wäre nichts gewesen, Autos, die wie blecherne Frösche aussahen. Ihr bißchen technische Würde war ihnen abhanden gekommen, so schien es. Sie wirkten komisch.

In der Heide kam Jokim dem Verirrten entgegen.

»Nun?« fragte er.

»So gut als möglich«, antwortete Harm, »ich werde es schon lernen. Aber morgen mußt du unbedingt mit zum Strand kommen.«

»Morgen? Ja, morgen komme ich mit.« – Nach dem Abendessen, währenddem sie sich erzählten, was sie den Tag über getrieben hatten, sagte Harm: »Dort hinten in den Dünen geht es dir auch so, man vergißt auf einmal die Gegenwart, es ist alles so in grauer Vorzeit.« ...

Das große Meer! Ohnmächtig, verdammt erscheint es manchmal in der Beharrlichkeit seines Ansturms. Aber es gewinnt dennoch an Land. Die unaufhörliche Schlacht geht um jeden Fußbreit Boden. Die Insel sieht sich längst in die Abwehr gedrängt.

Den so gefährdeten Strand zu halten, wurden schon seit langem ein gutes Stück ins Meer hinaus die palisadenähnlichen Buhnen gebaut, baumstarke Pfähle in den Strand gerammt. Auch mit eisernen Buhnen hat man es versucht. Unbegreiflich erschien es Harm, wie das Wasser, dieses anscheinend so nachgiebige flüssige Element, offenbar mühelos damit fertig wurde, das Eisen verbog und zerbeulte.

Das Sanfte überwindet das Starre...

Eines fiel Harm auf, wie noch nie vorher, als er dem ungenierten und oft kindischen Treiben der Strandmenschen zusah, wie häßlich die Sterblichen eigentlich doch sind. Es rührte ihn. Denn manche von ihnen schienen es zu wissen, das konnte wohl nicht anders sein. Mit einer gewissen Entsagung und Seelengröße hatten sie offenbar alle Eitelkeit der Welt von sich getan, wenn sie in heroischer Nacktheit an den als »Kamerun« bezeichneten und dafür vorbehaltenen Küstenstreifen einem adamitischen Dasein huldigten.

Es gab natürlich Ausnahmen, vor allem unter den Kindern und Halbwüchsigen. Aber von den meisten wünschte man, so meinte Jokim, sie wären besser gefiedert oder trügen einen Pelz.

Abscheulich dünkten Harm die rosigen und teigfarbenen. Er mußte lachen, wenn die Nackten einander begrüßten mit den gesellschaftlichen Höflichkeitsformalitäten der Angezogenheit. Es sah unbeschreiblich komisch aus. Aber warum eigentlich?

Auch die Schönen, die Sonnengebräunten, oder die wenigen, die sich wie Tiere natürlich und anmutig zu bewegen wußten, waren sie denn wirklich schön oder vergleichsweise nur etwas weniger häßlich als die andern?

Auf der Insel, so stellte Harm fest, gab es offenbar zwei verschiedene Bezirke: die Welt der Angezogenen oder Verkleideten und die Welt der Nackten. Beide Welten begegneten sich am Strand. Noch auf dem Weg zum Meer, der fast einer Flucht, einem »etwas den Rükken wenden« glich, gehörte man zu den Angezogenen. Mit einer gewissen Hast streifte man die Kleider ab, und der sie eben noch auf dem Leib hatte, nun er nackt war, empfand die Bekleideten als störend und fehl am Platze. Ein Herr im Frack und Zylinder, eine Frau in großer Toilette hätten am Strand wie maskiert und einfach lächerlich gewirkt. Der Sand und das große Wasser verlangten die Nacktheit. Aber auch die Angezogenen paßten sich ein wenig an. Sie trugen sich anders als in der Stadt, bunter vor allem und salopper.

Für ein paar Stunden, für einen Tag taten die Badegäste alles Überflüssige von sich. Sie fanden in einer Art Urzustand, zu dem sie für eine Weile zurückkehrten, ihre Erholung. Gewisse Reste der Zivilisation, die Uhr konnte es sein oder der Kamm, vielleicht ein Spiegel, selbst sie wirkten schon fehl am Platz. Man suchte zu erraten, welche Zeit es sei, nach dem Stande der Sonne, und wenn man die Uhr befragte, deren Werk Sand und Wasser feindlich waren, empfand man es fast wie einen Rückfall in die Zivilisation. Man brauchte kein Geld.

Aber das Eintauchen ins Meer, es war fast wie ein Bad der Wiedergeburt und Erneuerung. Man war danach wie ein anderer Mensch.

Es zeigte sich, daß es schwieriger war als in der angezogenen Welt, die Menschen nach ihren Berufen zu

unterscheiden. Berühmte und Unberühmte: Wenn sie nackt waren, glichen sie sich einander an.

Es gab wohl welche, die Bücher und Zeitungen mit in die Strandkörbe und Sandburgen nahmen. Aber schon Papier war hier unnatürlich. Vollends eine nasse Zeitung im Sande liegend, wirkte als Fremdkörper und erregte Mißfallen.

Die Lust an einem paradiesischen Zustand war unverkennbar. Sie hielt auch noch eine Zeitlang an, wenn die Nackten wieder gekleidet waren und in die Maskerade aus dem Natürlichen ins Unnatürliche, aus der nackten Wahrheit in die Verkleidung, in die Lüge zurückkehrten, wo einer dem andern und sich selbst etwas vormachte. Aber man war offenbar schon so daran gewöhnt, daß man es kaum mehr wahrnahm.

Wahrhaftig, Harm wenigstens fiel es immer wieder auf: Wenn Bekleidete unter die Nackten traten, wirkten sie, wie die erwähnte Zeitung, beinahe unanständig. Sie selber schienen es zu empfinden und schämten sich sichtlich ihrer Kleider...

Der nackte Mensch, der homo nudus, wie man ihm hier am Strand begegnete, eignete sich vortrefflich für Jokims Betrachtungsweise. Er »bot sich an«, wie man damals sagte. Die Zivilisation, der gute Ton, der »Benimm«, die Dressur mußten dabei zunächst außer acht bleiben...

Sieh da, die glückliche Familie, hockte sie nicht wie Menschenaffen im Sand beieinander? Eben griff der rötlich behaarte Vater hinter sich, sich ein wenig den Rücken zu kratzen, und das langhaarige Töchterchen biß in eine Frucht. Auf allen vieren krabbelte das Jüngste im Sand und setzte sich dann auch, nahm davon und warf es beiseite. Die Affenmutter gähnte und schlug sich ein paarmal mit der Hand vor den Mund, wodurch der Gähnlaut einen tremolierenden Beiklang bekam. Das war alles recht possierlich anzusehen. Schwieriger fiel es, die eigentlichen tierischen Laute von der Sprache zu trennen. Aber auch das gelang Jokim und Harm ziemlich mühelos. Er hörte auf einmal nur die Nebengeräusche, hörte die Tonlage, die Vokale und Zischlaute, das Schnaufen, Schnüffeln und Räuspern und sah auf einmal, als hätte er es noch nie gesehen, die lächerlichen Mundbewegungen und Verzerrungen der Gesichter.

In der Haltung des Dornausziehers betrachtete der ältere Knabe mit einiger Schwierigkeit und Verrenkung seine Fußsohle, und eine junge Frau fuhr mit dem Zeigefinger in ihr Ohr und schüttelte ihn, vermutlich weil Wasser oder Sand in den Gehörgang geraten war.

Aber es kam auch vor, daß eine Person einfach vor

sich hin sah, gedankenlos, wie es Katzen tun, blinzelnd.

Einmal nur auf die Hände zu achten und was sie taten im Laufe einer Stunde, schien Harm sehr ergiebig.

Allmählich erkannte Harm, daß unter den Menschen auf der Insel und vermutlich überall auf der Welt ein Gesetz waltete wie unter den Sternen, mit Anziehung und Abstoßung, mit Trabanten, die um andere Planeten und Sonnen als Monde kreisen mußten. Wenn auch die Badegäste ihrem Äußeren nach keineswegs Sternen glichen, so konnte Harm sie doch als solche sehen wie den Kosmos des Himmels. Er meinte, ihre Bahnen verfolgen zu können. Auch erschien es ihm so, als meinten sie, sie wollten, obwohl sie einfach mußten...

# *Der Jugendfreund*

Der Gegenstand einer kleinen Geschichte, die ich seit langem schon schreiben möchte, läßt sich in drei Sätzen sagen: Zwei Kinder, Bruder und Schwester, etwa achtzehn und sechzehn Jahre alt, sind ihrem Vater mit seltener Innigkeit und zärtlichem Vertrauen zugetan. Eines Tages wird dieses schöne Verhältnis in einer beunruhigenden, schmerzlichen Weise auf die Probe gestellt. Ein Jugendfreund des Vaters kommt zu Besuch und erweist sich als ein solches Ekel, daß die Kinder es einfach nicht fassen können, wie – »Apoll bei einem Satyr« – wie diese beiden so grundverschiedenen Männer jemals liebe Freunde gewesen sein sollen und es offenbar noch sind.

Das ist eigentlich alles, was ich im Dünensand in der Sonne liegend vor mich hin fabulierte, angeregt und bewegt durch ein verwandtes eigenes Erlebnis, das mich sehr nahe angeht und das ich nun in zwei jungen Menschen widergespiegelt sah, die mir neulich zu meiner Freude am Strande begegnet und durch ihr anmutendes Wesen besonders aufgefallen waren, Bruder und Schwester, so schien es, auch sie.

Sie gingen untergefaßt, einander zugewandt. An ihren besorgten Gesichtern und an einer gewissen Nachdrücklichkeit ihres Ganges war zu merken, daß sie ernsthafte Dinge zu besprechen hatten, die nicht für fremde Ohren bestimmt waren. Dennoch wollte es der Zufall, daß mir der Wind einen Gesprächsfetzen zutrug, einen aus dem Zusammenhang gerissenen Satz, der mich nachdenklich stimmte, gerade weil er so reizend altklug klang in so jungem Munde. Der Bruder sagte es, wenn es überhaupt Geschwister waren, was ich meiner Geschichte zuliebe für wünschenswert hielt.

Es sprach übrigens für die Annahme, daß sie einander auf jene anziehende Weise ähnelten, welche das Wohlgefallen an jedem von beiden zu steigern pflegt.

Hinterher wunderte ich mich allerdings, daß ich den Satz überhaupt vernommen hatte, trotz des Meeresrauschens und weil sich beide offensichtlich alle Mühe gaben, nicht gehört zu werden. Der Satz lautete: »Was wissen schon die Kinder von ihren Eltern!«

Bereits mit wacherem Ohr hörte ich auch der Schwester Antwort, die nicht weniger mißtrauisch klang: »Und was wissen Eltern von ihren Kindern?«

Kaum gesagt aber, merkte das Mädchen, was für tiefe Wahrheiten sie ausgesprochen, mußte es lachen – ein richtiges Schusterbubenlachen, wofür ich eine Schwäche habe –, und »wie weise wir doch sind«, fügte sie mit dem Zeigefinger an der Nase mit gerunzelter Stirn ernsthaft hinzu, hob einen Stein auf und warf ihn, ungeschickt, wie Mädchen werfen, ins Meer.

Vor den »Geschwistern« in geraumem Abstand gingen zwei ältere Herren, auf die das eingangs gebrauchte Hamlet-Zitat genau zutraf, und die sich vorzüglich zu meiner geplanten Erzählung eigneten: denn der eine in seiner äußeren Erscheinung, Haltung und Lebensart konnte gut der Vater der Geschwister sein, der andere, verlebt und gedunsen, redete unangenehm laut und aufdringlich auf seinen stilleren Begleiter ein, musterte unverfroren die vorübergehenden Strandgäste, kurz, benahm sich ebenso auffallend, wie jener zurückhaltend war.

Seltsamerweise konnte ich im Gegensatz zu dem, was die netten jungen Leute sagten, obwohl es doch mit leiser Stimme geschah, von dem eitlen Gerede dieses Unsympaths von Jugendfreund keine Silbe verstehen. Ich überlegte mir allen Ernstes, ob es nach den Gesetzen der Akustik möglich wäre, daß der Wind, der mir die Worte zutrug, vielleicht durch eine Art Luftwirbel einen gesprochenen Satz völlig umdrehen könnte, so daß er also unverständlich, gleichsam wie von rückwärts gelesen, bei mir ankäme. Auf dieser verzauberten Insel, dünkt mich, wäre es durchaus möglich.

Man sollte wohl annehmen, daß ich meinem Vorhaben zuliebe alles tat, um alsbald die Bekanntschaft der jungen Leute, vielleicht auch des »Vaters« zu suchen, die mir freundlicherweise, doch ohne es zu ahnen, für meine kleine Geschichte Modell standen. Jede Art von Zielstrebigkeit und Spekulation würde jedoch ganz und gar nicht zur Natur der Insel passen.

Menschen, die sich ständig etwas vornehmen, die immer etwas erledigen zu müssen meinen, sind hier fehl am Ort. Sie stören. Sie stören den Zufall. Denn hier ist alles so wunderbar zufällig und selbstverständlich.

Auch die Zeit ist hier eine andere als beispielsweise in der Stadt. Eine an städtische Minuten gewöhnte Uhr muß hier natürlich falsch gehen.

Ähnlich ist es mit den Stimmen. Ich habe mich früher oft gewundert, mit wie wenig Stimmaufwand Seeleute sprechen und trotz des tosenden Meeres doch mühelos verstanden werden, als sprächen sie durch die Lücken des Sturmes.

Aber hier auf der Insel wundert einen nichts mehr.

Um es gleich zu sagen: ich habe die sympathischen Geschwister nicht kennengelernt, aber noch oft gesehen – ich liebe solche Sehbekanntschaften – ringtennisspielend am Strand, Hand in Hand in die Wellen laufend, zu zweit und zu dritt. Denn ein junger Kavalier hat sich ihnen zugesellt, und ich bin fest entschlossen, ihn auch in meine Erzählung »Der Jugendfreund« hereinzunehmen.

Die Geschwister, wenn es Geschwister sind und nicht am Ende Liebende, sind andere Naturen als ihr Gefährte. Ich war Zeuge ihrer ersten Begegnung. Der junge Mann in der gelben Badehose, der einzigen von dieser Farbe am Strand, schien es auf diese Begegnung anzulegen.

Ich konnte es von meiner »Loge« gut beobachten. Ich lag bäuchlings, das Kinn auf den verschränkten Armen ruhen lassend in meiner Sandkuhle (die jetzt bereits als mein angestammter Platz respektiert wird) und blickte auf das Theater des Strandes hinunter. Von links traten die Geschwister, von rechts der in mühsamer Nichtstuerei tadellos gebräunte Jüngling auf. Aber er kam nicht wie ein gewöhnlicher Sterblicher zu Fuß des Weges. Er ging auf den Händen.

Die Geschwister blieben stehen, und das Mädchen, an des Bruders Schulter lehnend, machte offenbar eine lustige Bemerkung. Der behende Akrobat stellte sich

auf einmal ist es zu spät. Soll ich nun die Erin-
Rosen fangen schon zu blühen an und

nun mit einem Überschlag auf die Füße und antwortete, indem er die wohlbekannten Gesten eines Artisten nachahmte, der nach einem gefährlichen Akt für den Beifall dankt. Ich konnte nicht verstehen, was geredet wurde, aber es mochte dem Sinn nach etwa so gelautet haben: Wenn die ganze Welt auf den Kopf gestellt sei, halte er dies für die angemessene Art, um sich fortzubewegen.

Ohne Zweifel fanden die jungen Leute Gefallen aneinander. Sie schlenderten fortan selbdritt den Strand entlang.

Anderntags schon gab der gewandte Jüngling den Geschwistern Unterricht im »Auf-den-Händen-Gehen«. Er gab sich dabei redlich Mühe, mit Nachsicht und Geduld, aber ohne großen Erfolg. In vielen Strandburgen folgte man dem Beispiel, und man sah viel purzelnde Kinder und Erwachsene in diesen Tagen am Strand.

Über ein paar Regentagen, die ich zum Schreiben benutzte, geriet die Mode jedoch rasch wieder in Vergessenheit. Ich schrieb inzwischen an meiner Geschichte, bis hierher, und zerriß das Geschriebene wieder.

Man müßte anders verfahren, dachte ich bei mir, nicht so ins Blaue und aufs Geratewohl. Aber wie? Natürlich weiß ich schon ungefähr, was ich erzählen möchte, und was ich damit sagen will, aber zuweilen ertappe ich mich dabei, daß es mir vollauf genügt, eine Geschichte mir nur so durch den Kopf gehen zu lassen. (Wobei mir bereits Zweifel kommen, ob es wirklich nur der Kopf ist, durch den sie geht.) Also ohne mir weiter die Mühe zu machen, sie Wort bei Wort aufzuzeichnen, als habe sie bereits ihren Daseinszweck erfüllt.

Lassen wir es einmal dahingestellt sein, ob sich die Geschichte von dem honetten Vater und den durch die Dazwischenkunft des unerfreulichen Jugendfreundes an ihrem Vater irre werdenden Kinder wirklich zugetragen hat, was durchaus möglich, ja sogar höchst wahrscheinlich ist – denn ich glaube nicht, daß der Mensch sich irgend etwas vorzustellen oder auszudenken vermag, was nicht auch sein könnte, und nehmen wir an, ich hätte es mir nur so ausgedacht, es erfunden, fabuliert, so ist es doch, für mich wenigstens, so gut wie geschehen. Es hat sich zugetragen, hat sich abgespielt. Aber wo?

Es ist mir, als ob ich selbst dabeigewesen wäre, zuschauenderweise und nicht, als ob es mir jemand erzählt hätte. Oder wie man einen Propheten abschildert, ein Buch auf den Knien, die Feder in der Hand, und einen Engel oder Genius hinter ihm, der es ihm zuspricht, und dem er angestrengt lauscht. Er braucht es nur mitzuschreiben, was ihm eingesagt wird. Wo aber, frage ich wieder, hat sich meine Geschichte ereignet, in meinem Innern, in meinem Gehirn, oder habe ich sie geträumt? Geschah es nur in mir, oder muß ich nicht vielmehr auch »außer mir« gewesen sein, in den Gestalten nämlich, in dem von Bruder und Schwester vergötterten Vater, aber zugleich auch in dem peinlichen Jugendfreund, der plötzlich angereist kommt und Verwirrung in den jungen Gemütern anrichtet? In ein paar Minuten läuft das Geschehen gedanklich ab, das in Wirklichkeit Tage währte, und Jahre voraussetzt, Lebensschicksale vieler Menschen, Empfindungen, Dinge, Landschaften, Nebensächlichkeiten, die aber doch alle, will man der Wahrheit die Ehre geben, sichtbar werden müßten, daß, wenn man danach zeichnen wollte, keine weißen Stellen blieben. Es dürfte nichts ungenau bleiben, nichts ausgelassen werden.

Gleichzeitig nehme ich aber auch mit allen Sinnen wahr, was in Wirklichkeit um mich herum geschieht. Ich lebe zwei Leben, ja viele Leben zugleich. Also müßte ich beides gleichzeitig beschreiben. Auch den Taschenkrebs, der seitwärts laufend meinen Weg kreuzt und verzweifelte Anstalten macht, mich mit seinen Scheren zu zwicken, dürfte ich ebenso wenig weglassen wie das Spiel der fischenden Seeschwalben, die sich kopfüber in die Wellen plumpsen lassen, darin für einen Augenblick verschwinden (währenddessen sie vermutlich eine Krabbe schnappen), wieder zum Vorschein kommen und zu dem Schwarm in der Luft zurückkehren, während ich gleichzeitig Bruder und Schwester vor mir sehe mit traurigen Gesichtern. Ganz deutlich meine ich sie zu sehen. Aber nicht von einem festen Blickpunkt aus, sondern allseitig. Ich sehe sie leibhaftig, denke, was sie denken, und das heißt doch nichts anderes, als daß ich zugleich in ihnen, in ihrer Empfindung bin.

Ich fürchte, es geht nun dem Leser, wie es mir bei manchen Büchern geht. Ich kann sie nicht lesen, oder sie lesen mich nicht wieder. Bei diesen Büchern oder Schriftstellern geht es mir so, daß ich schließlich nur Buchstaben lese, Wortornamente, Sätze, unbezweifel-

bar in deutscher Sprache verfaßt, und natürlich verstehe ich: »ist« und »und« und »bin« und »habe«, »der«, »die«, »das« – aber das ist beinahe auch alles. Es stellt sich kein Bild dabei ein, es sagt mir nichts. Was heißt das: Er lächelte? Wie ungenau ist das. Es gibt so viele Arten des Lächelns. Welches ist gemeint? Ich habe es einmal bei mir selber untersucht, was solche Feststellungen zum Beispiel eines Lächelns bedeuten. Sehr häufig nicht das geringste. Es sind Floskeln, Verlegenheitsfüllsel. Was könnte er (oder sie) jetzt tun? Lächeln. Gut, lassen wir sie lächeln. Ich wette, wenn es irgendwo heißt: sie schwieg, dann ist mir bloß nichts Rechtes eingefallen, was sie jetzt sagen könnte.

Kurz, ich konnte mit meiner Geschichte vom Jugendfreund nicht recht vorankommen. Was ich mir am wenigsten gewünscht hatte, trat in dieser selbstquälerischen Krise ein. Ich machte die Bekanntschaft jenes verlebten, unangenehmen älteren Herrn, dem ich leichtfertigerweise die Rolle des Jugendfreundes zugedacht hatte. Ich konnte es nicht verhindern. Er schien es darauf abgesehen zu haben, der Reihe nach jeden Badegast kennenzulernen. Vor allem Frauen und Mädchen, über die er sich ungefragt sofort in seiner eitlen und taktlosen Art zu äußern begann. Es fehlte ihm jedes Gefühl dafür, wie unsympathisch er war, im Gegenteil, er schien sich für einen verfluchten Kerl zu halten, für einen Don Juan, katexochen, der Mühe hat, sich der Zudringlichkeiten der »Weiber« zu erwehren. Er machte einen ziemlich heruntergekommenen Eindruck und genierte sich nicht, mir in den ersten Minuten wörtlich zu versichern, er habe einst bessere Zeiten gesehen.

Von damals trug er einen schönen Ring und seine – ich habe leider einen Blick dafür – vermutlich schon in seiner Jugend vernachlässigten Zähne waren mit Gold gefüllt, was er sich bei späteren Schäden wohl nicht mehr hatte leisten können. Er lachte übrigens gern, was er besser nicht hätte tun sollen. Durch seine ungesunde Gesichtsfarbe machte er einen kränklichen Eindruck. Er war übrigens nicht ungebildet, aber schrecklich oberflächlich.

Er besuchte mich in meiner »Loge« am Dünenkamm und hätte mir fast die Freude an diesem Ort verdorben, so widerwärtig war er mir. Es entsetzte mich, als er, der in seiner Jugend vielleicht ganz gut gewachsen gewesen, dann wohl fett und nun wieder mager geworden war, lediglich um ein paar vorübergehenden Badegästen Eindruck zu machen, wie jener Akrobat den Handstand machte. Seine Haut schien dabei Falten zu werfen, und sein Gesicht wurde beängstigend blau. Und wenn es ihm auch erstaunlicherweise doch gelang, recht geschickt auf den Händen zu gehen, so war der Anblick mehr bejammernswert als imponierend.

Aber er war durchaus, was ich suchte. Den vermeintlichen Vater der Geschwister (er hatte mit ihnen gar nichts zu tun) kannte der Unsympath nicht länger als mich. Von einer Jugendfreundschaft zwischen den beiden Badegästen war keine Rede. Doch sich vorzustellen, er wäre als der beste Jugendfreund des von seinen Kindern so innig geliebten Vaters, wie es meine

Geschichte will, zu Besuch ins Haus gekommen, so müßten sie freilich erschrecken und sich über den Geschmack ihres Vaters sehr verwundern.

Er hatte sich vermutlich durch einen Brief angekündigt oder telegraphiert. Der Vater hatte hocherfreut, doch nach seiner gemessenen Art eher ruhig und freundlich, von der Ankunft Mitteilung gemacht und war wohl zur Bahn gegangen, ihn abzuholen. Die alten Freunde hatten sich ziemlich lange nicht gesehen. Sie umarmten einander herzlichst (wie die Geschwister, die, was sie besser unterlassen hätten, aus einiger Entfernung dem Wiedersehen beiwohnten, mit zwiespältigen Empfindungen feststellten), und gingen Arm in Arm in vertrautem Gespräch vor den Kindern her, die den ziemlich schäbigen, aber mit vielen bunten Hotelmarken beklebten Koffer im Handwagen nach Hause zogen.

Der Vater hatte sie dem Jugendfreund vorgestellt. Schon ihr erster Eindruck war erschütternd, vor allem weil der »Onkel« die Schwester und den Bruder auf unverschämte Art musterte und tätschelte, wobei er bemerkte, daß *sie* ganz die Mutter, und *er* ganz der Vater sei, was übrigens stimmte. Sie wußten es längst und freuten sich darüber. Der Sohn wünschte sich nichts mehr, als künftig wie sein Vater zu sein und auszusehen, der ja wirklich eine erfreuliche Erscheinung war, in seiner liebenswürdigen Unbekümmertheit, seiner Wahrhaftigkeit (auch gegen sich selbst), seiner Verläßlichkeit und dem völligen Mangel an Selbstgefälligkeit. Er schien es gar nicht zu wissen, wie er war, oder es selbstverständlich zu finden, so zu sein.

Es gibt schreckliche Väter (und wohl am schlimmsten muß es für einen Sohn sein, einen dummen Vater zu haben). Das wußten die Geschwister, aber auch, daß ihr Vater in jeder Beziehung eine wunderbare Ausnahme bildete. Sie lebten mit ihm allein seit dem frühen Tod der Mutter, an die sie sich selber kaum erinnerten. Sie kannten sie nur von Erzählungen des Vaters und von reizenden Bildern, nach denen sie in der Tat kaum anders ausgesehen hatte als die Tochter, die sich dieser Ähnlichkeit durchaus bewußt war, als erlebe sie an sich die Kindheit ihrer Mutter noch einmal, und der Bruder fühlte es nicht anders, als daß jene eben jetzt seine Schwester geworden sei.

Wie es in unsern Tagen Brauch wurde, nannten sie ihren Vater beim Vornamen, also wie einen älteren Bruder oder einen Freund, scherzhaft-feierlich: Timotheus. Sie fanden es nirgendwo schöner als zu Hause. Sie fanden nicht nur, daß ihr Vater »sehr gut aussah«, einen »fabelhaften Kopf« und »Stil« hatte, sondern auch, daß man sich mit ihm nie langweilte.

Und nun kam dieses Ekel von Jugendfreund. Merkte es ihr Timotheus denn nicht, wie wenig sie zusammenpaßten? Sie waren sicher fast gleichaltrig, aber – der Bruder sagte es in komischer Übertreibung – Timotheus könnte leicht jenes früh gealterten Roués Sohn sein. Er sagte es, während sie ein paar Tage später zwischen den Beerensträuchern im Garten standen. Sie sprachen gedämpft, wie jene Geschwister am Strande es getan hatten, und blickten scheu zu den Fenstern des kleinen Hauses, und auch ein wenig schuldbewußt in ihrer Treulosigkeit gegen Timotheus. Doch vergaßen sie dabei nicht, von den Beeren zu essen, den schwarzen und roten und weißen sonnenwarmen Johannisbeeren, auch von den schlechtrasierten Stachelbeeren, die borstigen Schweinchen glichen. Die Geschwister taten es unlustig, nur so nebenbei, weil ja jetzt doch alles gleich war, äsend wie junges Wild, planlos, nachlässig. Auch Monatserdbeeren gab es, und der Bruder hielt eine Handvoll davon seiner Schwester hin. »Da«, sagte er unzärtlich. Sie aß sie mit dem Mund von seiner flachen Hand, wie ein Pferd den Zucker. Nun mußte der Bruder doch lachen, ob des komischen, schaudernden Gefühls aus Lippenzartheit, kühler Nasenspitze und Feuchte des Atems.

Hier müßte ich nun einschalten, daß ich während dieser melancholisch-schmackhaften Vision nichts sah als den Himmel und Sand, wenn ich die Augen öffnete. Wenn ich sie geschlossen hielt, dann sah ich feuriges Rot. Ich spürte, wie ich braun wurde.

Gleichzeitig aber sprang ein Freund der Geschwister, dem vorerwähnten, auf den Händen laufenden jungen Mann zum Verwechseln ähnlich, mit einer Flanke über den Zaun, ein reizender Bursch, der gern lachte und es sich auch leisten konnte, obwohl er sich, was sein Äußeres betraf, gern ein wenig gehenließ, und es nach Bubenart zuweilen vergaß, seine sympathischen Zähne zu pflegen. Aber noch waren sie gesund.

Die Geschwister freuten sich über sein Kommen und sein lustiges Schwadronieren, bei dem man nur die Hälfte glauben durfte. Ferdinand hatte unverschämt schöne Augen, die mich übrigens an jemanden erinnerten, an das alte Ekel nämlich. Denn wenn mich etwas mit dessen abstoßender Persönlichkeit hätte aussöhnen können, dann waren es diese Augen. Sie hatten »etwas«, obwohl es Säuferaugen waren, sie hatten zuweilen einen Zauber, wie die des Freundes der Geschwister.

Sie kannten keine Geheimnisse vor ihm, und während die alten Schulfreunde im Hause bei einer Flasche Bordeaux sich viel zu erzählen hatten, besprachen die Jungen die mißliche Lage.

»Was wissen die Kinder von ihren Eltern?« sagte Ferdinand, Bruder und Schwester den Arm um die Schultern legend. »Es geht uns ja vielleicht auch gar nichts an, was der Vater beispielsweise für ein Vorleben hatte, als er noch Junggeselle war, und es mag da Fälle galanter Natur geben, wo es gut ist, nichts zu wissen.« Es konnte einem recht unbehaglich werden, wenn man den Gedanken durchdachte. Übrigens hatte der Vater, daran erinnerten sie sich jetzt, oft und unbefangen von seinem besten Freund erzählt und was er ihm zu danken habe, die Freude an der Musik vor allem und an Literatur. »Vielleicht«, sagte der Freund der Geschwister, »vielleicht war er anders als er, nun – als er so alt war wie ich und ihr.« Er sagte es mit einem schwermütigen Ton in der Stimme, um sogleich in sein herzliches und etwas leichtfertiges Lachen auszubrechen. »Ich möchte den alten Sünder doch gern kennenlernen«, fügte er hinzu.

Beim Abendessen verstärkte sich noch der schlechte Eindruck, den die Kinder von Timotheus' Freund bekommen hatten. Nicht nur, daß er unmanierlich aß, schmatzte, mit vollem Munde redete, und bald mit der Gabel, bald mit dem Messer deutete und das Gesprochene unterstrich, auch *was* er sagte, gefiel ihnen gar nicht.

Die Zuneigung zwischen Menschen, so führte er in seiner selbstgefälligen Weise aus, die Liebe, über die es so viele ebenso begeisterte wie verlogene Zeugnisse der Dichter gäbe, sei rein animalischer Natur. Ein Duft sei es, der einen anlocke oder abstoße, ob wir wollten oder nicht. Einander gern riechen, sei das Wort für lieben, bei irgendeinem wilden Völkerstamm, jemanden nicht riechen können, sagten auch wir. Daher, schloß er grinsend, gäbe es so komische Ehepaare, die für den Außenstehenden scheinbar nicht zusammenpaßten, aber die sich halt gern röchen!

Die Geschwister verabschiedeten sich unhöflich bald mit eisiger Artigkeit von dem ungebetenen Besuch, und sagten auch, doch weniger herzlich als sonst, dem Timotheus gute Nacht.

Als sie noch das Ereignis gründlich und mit dem Versuch, gerecht zu sein, wie schon so oft, noch einmal untersuchten und ihrer Eifersucht gedachten, kam der Vater zu ihnen heran, ein Photoalbum unter dem Arm. »Ich dachte, es wird euch vielleicht interessieren«, sagte er, küßte sie auf den Scheitel und ging wieder.

Natürlich hatte er es gemerkt, daß die Kinder seinen Freund ablehnten. Sie wurden beide rot. Sie merkten, daß das Vertrauen erst da beginnen sollte, wo man meint, Anlaß zu haben, es enttäuscht zu sehen.

Nun saßen sie nebeneinander in ihren Schlafanzügen

und besahen das Album. Sie kannten es schon, aber früher hatten sie nur die Kinderbilder der Eltern betrachtet und sich selber darin erkannt. Sie konnten es wirklich selber sein, bis auf die komische, altmodische Kleidung. Möglicherweise würden ihre Kinder dereinst die Mode von heute auch für wunderlich oder altmodisch halten. Die Photographien, die ihren vortrefflichen Timotheus als Lehrling darstellten, einen brav aussehenden, etwas zarten, ja fast dümmlichen Buben, liebten sie besonders, und da war ja auch – sie stutzten beide und sahen sich an, weil sie wußten, daß sie dasselbe dachten – da war auch Ferdinand, ihr Freund, den sie liebten. Er konnte es wenigstens beinahe sein, dieser bildhübsche kleine Kerl, mit den unverschämt schönen Augen und dem leichtfertigen Mund, geschmackvoll aber etwas salopp gekleidet. So also hatte der verlebte, taktlose Freund ihres Timotheus als Bub ausgesehen. Wie mußte ihrem Vater zumute sein, da er ihn so verwandelt wiederfand? Vielleicht hatte Timotheus jenem, als er jung war, nachgeeifert und wurde das, was jener hätte werden können? Und würde es nicht, weil ihm alles so herrlich leichtfiel und weil ihn alle so gern hatten?

*

Warum machte ich mir etwas vor, warum habe ich mich gescheut, mein eigenes Erlebnis zu schildern, die Freuden der Freundschaft und ihr Sterben? Ich fürchtete mich vor dem Schmerz, diesem ganz besonderen, es wahrhaben zu müssen, daß aus einem im Entwurf so liebenswürdigen Fohlen ein so unfreundlicher alter Gaul werden kann? Einst als reizend empfundene Fehler wurden zu Unarten, als sie alterten.

Man konnte es ganz gut auf den Bildern der verschiedenen Lebensalter verfolgen. Ließ nicht Glanz und Fülle des Haares nach? Es fing an, dünn und stumpf zu werden. Der leichtfertig verliebte Mund wird lüstern und gewöhnlich, die Zähne werden dunkel und schadhaft, das Feuer der Augen erlischt. –

Bei näherem Zusehen fanden die Geschwister die nachdenkliche Ähnlichkeit der Jugendbilder mit ihrem jungen Freund gar nicht sehr groß, aber jedenfalls konnten sie des kleinen Timotheus' Zugetanheit für seinen anziehenden Freund nachfühlen.

Wie werden wir einmal später sein? Und wie der

jetzt so liebenswürdige Ferdinand? Nur ungern pflichteten sie der beim Nachtessen gehörten Theorie bei, von der sympathischen Umluft, wie sie Ferdinand mitbrachte. –

Anderntags, ehe der Jugendfreund abreiste, es schien fast, als habe er gefühlt, welche Verwirrung er mit seinem Erscheinen angerichtet hatte, fand die erbetene Begegnung zwischen ihm und Ferdinand statt. Beinahe vertraulich betrachteten sie einander, sich erkennend, der eine den andern, als den, der er nicht war, der andere den einen als den, der er werden konnte.

Durch einen Zufall hörten die Geschwister, die sich sehr Mühe gaben, doch noch ein wenig nett zu des Timotheus' Jugendfreund zu sein, einen Gesprächsfetzen: »Ich weiß nicht, ich weiß nicht, aber ich glaube, ich gefalle deinen Kindern, scheint es, gar nicht, was mir leid tut, sehr leid.«

Die Geschwister fuhren den Koffer mit den vielen Hotelmarken aus Ostende, Rapallo, Budapest, Lugano zum Bahnhof. Die alten Freunde umarmten sich zum Abschied so herzlich wie beim Wiedersehen und schüttelten sich noch durch das Fenster die Hände, als der Zug schon im Fahren war.

Ohne es verabredet zu haben, zogen Bruder und Schwester ihre Taschentücher und winkten dem Jugendfreund nach.

Er sah es.

*»Er hat das Profil einer Raubmöwe, doch sonst ist nichts Raubmöwenhaftes an ihm. Er trägt aber eine Schirmmütze, geschmückt mit den Federn der Raubmöwen, den Trophäen ihrer Kämpfe. Seine sonstige Bekleidung ist so mit ihm verwachsen, daß man sie nicht bemerkt.«*

Annemarie Suhrkamp

*»Eine alte befiederte Schiffermütze auf dem Kopf, hatte Ernst Penzoldt etwas von einem Lotsen, der kühn hinausschaut. Wohin schaute er? Das Meer kam auf, das Licht mit ihm; dies war des Künstlers innerste Situation.«*

Jürgen Eggebrecht

# *Nachwort*

Die Insel Sylt ist eine schwindsüchtige Schönheit. Nicht nur wird ihr seepferdchenschlanker Körperbau durch die zehrende Brandung der Nordsee von Jahr zu Jahr fragiler, auch der Tourismus hat dieser Windsbraut im Laufe der Zeit ein Make-up verpaßt, das von ihrem urtümlichen Charme nur noch wenig ahnen läßt. Das war nicht immer so. Wie es einmal war, und auch heute noch an jenen Stellen anzutreffen ist, wo sich der Besucher mit den »Animationen« begnügt, welche die Natur dort einzig aus dem Zusammenspiel von Licht, Sand, Wind und dem Rhythmus der Gezeiten zu inszenieren vermag, das zeigen die Schilderungen dieses Bandes. Sie können der Insel zwar keinen Streifen Land zurückgeben, den das Meer ihr entrissen hat, aber die Sehnsucht in uns wecken nach einem intakten Ökosystem, das mehr zu bieten hat als alle Ersatzbefriedigungen von Menschenhand.

Als größte der nordfriesischen Inseln hat Sylt schon lange bevor es in den letzten Jahrzehnten des 19. Jahrhunderts zu einem Lieblingsziel des deutschen Fremdenverkehrs wurde, die Künstler angezogen. Von Theodor Storm ist der Entwurf zu einer »Sylter Novelle« überliefert, und auch Wilhelm Raabe hat eine seiner Erzählungen dort angesiedelt, die erstmals 1873 unter dem ironischen Titel »Deutscher Mondschein« erschienen ist. Kein Dichter aber – und es folgten zu Beginn unseres Jahrhunderts noch manche illustre Gäste (wie zunächst Gerhart Hauptmann, Thomas

Mann – den die »Prankenschläge« der Sylter Brandung bis auf den »Zauberberg« verfolgt haben –, Joachim Ringelnatz, Walter Hasenclever, Alfred Kerr oder Siegfried Jacobson, der die Zeitschrift »Die Weltbühne« von seinem Haus in Kampen aus redigierte) – hat es verstanden den Zauber dieser »Mondkraterlandschaft, wo man gleichsam auf des Schöpfers Hand gegen den Himmel gehalten ist«, so sichtbar zu machen wie der Süddeutsche Ernst Penzoldt. Seine früheste Schilderung der Insel, »Brief vom Mond«, scheint direkt an Wilhelm Raabes Erzählung anzuschließen, hat aber dem Mond-Motiv etwas inselgemäßere Bezüge abgewonnen.

Verglichen mit anderen Autoren seiner Generation kam Ernst Penzoldt relativ spät nach Sylt, erst 1937, zehn Jahre nachdem die Insel durch einen Bahndamm vom Festland aus zugänglich geworden war.

Annemarie Suhrkamp (genannt Mirl), die Frau seines Verlegers und Schwester der Dichterin Ina Seidel, besaß dort ein Häuschen, das ihr erster Mann, der holländische Musikwissenschaftler Anthony van Hoboken, der gefeierten Schauspielerin 1923 am Kampener Watt errichten ließ, um sie von ihrem Lungenleiden zu kurieren. Ab 1935, in den Jahren ihrer zweiten Ehe mit dem Verleger Peter Suhrkamp, diente das schöne schilfgedeckte Haus als Refugium, Erholungs- und Arbeitsklause für Mitarbeiter und Verlagsautoren, wie zunächst Oskar Loerke, Carl Zuckmayer, Albrecht Goes und bald auch Ernst Penzoldt, der mit seiner romantischen Erzählung »Fürchtenichts« (die auf Suhrkamps Anregung *Kleiner Erdenwurm* umbenannt wurde) 1934 in den Autorenkreis des S. Fischer Verlages aufgenommen worden war. Penzoldts zuvor erschienene Bücher hatten damals noch keine feste Verlagsheimat gefunden. Sie waren zunächst bei seinem Schwager Ernst Heimeran (Gedichte und Idyllen, 1922-1924), danach bei Reclam (*Der Zwerg*, 1927, und *Etienne und Luise*, 1929), im Insel Verlag (*Der arme Chatterton*, 1928), bei Piper (der Novellenband *Die portugalesische Schlacht*, 1930) und sein erster Bestseller, der Schelmenroman *Die Powenzbande* (1930) im Propyläen Verlag veröffentlicht worden.

Mit Ernst Penzoldt hatte Suhrkamp (neben später hinzukommenden Autoren, wie Ernst Barlach, Hellmut von Cube, Rudolf Alexander Schröder, Max Kommerell, Wolf von Niebelschütz, Albrecht Goes, Luise Rinser und Hermann Kasack) dem Verlag noch vor dem politisch erzwungenen Exodus der rassisch verfehmten und unerwünschten S. Fischer-Autoren einen derjenigen Schriftsteller hinzugewonnen, die es ihm ermöglichen sollten, Deutschlands wichtigsten, doch gefährdetsten belletristischen Verlag ohne Konzessionen an die Machthaber (bis zu seiner Inhaftierung durch die Gestapo im Jahre 1944) überlebensfähig zu halten. Das konnte natürlich nur mit solchen Neuerscheinungen glücken, die sich zeitlosen Themen zuwandten und ihren Widerstand gegen die bestehenden Verhältnisse auf eine verschlüsselte Weise zum Ausdruck brachten. Dafür waren Buchtitel charakteristisch wie »Das unsichtbare Reich« (1935) von Oskar Loerke, »Gedenkblätter« (1937) von Hermann Hesse, »Einer muß wachen« (1941) von Manfred Hausmann,

»Das ewige Dasein« (1943) von Hermann Kasack oder »Die Musik macht Gott allein« (1943) von Wolf von Niebelschütz. Zum Wagemutigsten, was Suhrkamp dank des verharmlosenden Untertitels »Eine Soldatenromanze« in jenen Jahren veröffentlichte, gehörte Penzoldts 1941 erschienene Erzählung *Korporal Mombour*, eine kaum verschlüsselte Antikriegsnovelle, die Friedrich Luft als »literarisches Widerstandsnest« bezeichnet hat.

Ein Widerstandsnest war damals auch Suhrkamps Gästehaus auf Sylt. Es bot seinen Autoren gerade das, was in der Zeit des Nationalsozialismus selten war: Distanz von den Ereignissen auf dem Festland und – als Gegensatz zur Willkür und Maßlosigkeit der Zeitgeschichte – eine korrektive Orientierung an den zeitlosen Rhythmen und Ordnungen der Natur, die vielleicht nirgendwo so elementar wie auf solch einer Insel wahrnehmbar sind. Davon zeugen auch Ernst Penzoldts Sylter Betrachtungen. Drei dieser Aufzeichnungen (»Brief vom Mond«, »Sand«, »Antlitz und Antwort«) sind im Verlauf seiner ersten Insel-Aufenthalte entstanden und wurden in den 1942 erschienenen Band *Episteln* aufgenommen. Man merkt ihnen die zeitgeschichtliche Konstellation, unter der sie geschrieben wurden, ebensowenig an wie den sachlichen Meditationen in Manfred Hausmanns Aufsatzband »Einer muß wachen« (1941) oder Peter Suhrkamps eigenen Schilderungen aus den Jahren 1933 bis 1944 in der »Neuen Rundschau« (»Der Zuschauer«, »Von der Unzerstörbarkeit des Menschen« etc.). Und doch wirkte damals diese in sich schlüssige und konstruktive Art der Darstellung, die alle von den Machthabern erwünschten Tendenzen und Themen konterkarierte, auf eine Weise subversiv, die man sich heute kaum mehr vorstellen kann.

Mittlerweile, ein halbes Jahrhundert später, lesen wir Penzoldts Schilderungen anders, als Rückblick auf etwas fast schon Verlorenes, zugleich aber auch als Ansporn, sich nicht abzufinden mit diesem Verlust.

Als Dichter, dessen einzige »Weltanschauung es war, sich die Welt genau anzuschauen« (Friedrich Luft), bedarf er dazu keiner Manifeste und Appelle, sondern macht das Verlorene viel unaufdringlicher spürbar, dank einer mitunter geradezu naiv erscheinenden Unbefangenheit der Wahrnehmung, die sich z. B. bei der Betrachtung des Globus noch zu wundern vermag, daß all das Wasser, das unseren Planeten umgibt, nicht abtropft ins Weltall. Diese Gabe, die Dinge unverbildet und wie zum erstenmal zu sehen, ermöglichen ihm Bilder und Vergleiche, die unvergeßlich sind wie die Beobachtung des Meeres, »das immer wieder heranwogt, das eigensinnig durchaus aufs Land will und immer wieder zurückfluten muß« ... »Nach einem geheimen Gesetz scheinen es immer drei, vier große Wellen zu sein, die hintereinander zum Strand laufen. Dann muß das Meer Atem holen, und das Spiel wiederholt sich von neuem« ... »Sieht es nicht aus, als wenn ein Verkäufer immer neue Stoffe vorlegt und über den Ladentisch hinrollt, um den wundervollen Fall der Falten zu zeigen?«

Die Form von sich überschlagenden Wellen erkennt er auch wieder im Bau der Herzmuscheln, während ihm die Gestalt der Wellhornschnecke als eine in Porzellan verzauberte Wiederholung des Wasserwirbels und als Sinnbild des Strudels vorkommt. In den harten Schalen der Schnecken und Muscheln, »die von ihrem schleimig-schlüpfrigen Dasein übrigbleiben«, sieht er »die Molluskensehnsucht nach unsterblicher Form.« Ja, diese Formen scheinen ihm sogar der Ausgangspunkt der Kunst der Antike zu sein, spüren wir doch »in ihrer Schönheit etwas, was uns verwandt ist«.

Als Maler und Bildhauer hat er einen Blick für die »Morphologie des Amorphen« und erkennt, daß eben jene Muster es sind, denen unsere Ästhetik entstammt. Die Architektur eines Seeigels z. B. bringt ihn auf den Gedanken, daß »etwa die von Michelangelo geschaffene Kuppel von St. Peter in Rom auf solcher Urverwandtschaft beruht. Die Identität der Kuppel des Seeigels (einschließlich der Verstrebungen im Inneren) und der Kuppel, die der Mensch zu bauen versteht, könnte biologisch aus solcher ›Erinnerung‹ erklärt werden. Beides ist von Anbeginn der Schöpfung weise vorgebildet und vorbedacht.«

Das alles wird von Penzoldt eher beiläufig notiert, wie auch seine Gedanken über die Tönungen der Muscheln (»Es gibt keine Farbe, die nicht irgendwann, irgendwo im Meer und am Himmel spielte. Davon nehmen sie sich eben, was sie brauchen.«), über die Formationen des Sandes, »die denen des Schnees in den Bergen gleichen, so daß man von Pulversand und Harsch sprechen könnte«; oder über die – im Vergleich zur Lufttemperatur – erstaunlichen Hitzegrade, die der Sand in der Sonne erreichen kann, »vielleicht weil die Körner wie Linsen von Brenngläsern wirken.«

Doch der fast wissenschaftliche Ernst und Erkenntniswert solcher Beobachtungen, die ganze Forschungsrichtungen mit fruchtbaren Impulsen versorgen könnten, bleibt unfeierlich anheimstellend, locker und liebenswert undogmatisch durch eingestreute poetische Scherze wie diesen, daß die Austern sich vielleicht deshalb so schlampig unordentliche Schalen leisten und keinen Wert auf ihr Äußeres legen, »weil sie wissen, daß sie ein gesuchter Leckerbissen sind«.

Ernst Penzoldt hat die Insel noch zu einer Zeit kennengelernt, als man derlei ungestörter beobachten konnte als heute, wo Sylt eine mondäne Niederlassung der Freizeitindustrie geworden ist mit allen möglichen Zerstreuungen und Placebos gegen die Langeweile. Die Anfänge dieser Entwicklung müssen schon zu Beginn der fünfziger Jahre erkennbar gewesen sein. Denn in einem der damaligen Berichte glaubte er, seine Begeisterung zügeln zu müssen, um nicht noch mehr Besucher – wie wir sie in seiner Erzählung *Der Jugendfreund* beschrieben finden – anzulocken: »Ich bin in einem Dilemma«, schreibt er 1950, »ich liebe Kampen, und es erwidert meine Zuneigung. Aber eigentlich darf ich nicht davon reden, wie zauberhaft es hier ist. Denn am Ende kommen die Menschen, die mein Loblied hören, alle angereist, und das möchte ich nicht. Es paßt nicht jeder hierher.«

Wie oft Penzoldt auf der Insel zu Gast war und was dort außer den Erzählungen *Olifant* (1947), *Der Delphin* (1948), *Die Perle* (1949), der Komödie *Der gläserne Storch* (1949) und dem Romanfragment *Lazarus* (1950) noch alles entstanden ist, muß einmal erforscht werden. Das Gästehaus seines Verlegers scheint jedenfalls auch der Arbeit sehr förderlich gewesen zu sein, vielleicht weil Suhrkamp seine Autoren, die er nach Sylt schickte, nicht unter Leistungsdruck setzte, sondern ihnen den Rat gab: »Lassen Sie sich fallen! Werden Sie nicht unruhig, verzweifeln Sie nicht, wenn Sie drei, vier Wochen lang keine Zeile schreiben können. Vielleicht geraten Sie in eine Krise. Die Krise kann hilfreich sein.«

Als Werkstatt war Suhrkamps Gästehaus für Penzoldt ebenso zweckmäßig wie für Max Frisch, der das Ambiente in seinem Tagebuch vom Juli 1949 anschaulich beschrieben hat: »Endlich ein Arbeitszimmer wie man es sich wünscht: groß und licht, bequem auf eine nüchterne Art, zwei Fenster hinaus auf das Wattenmeer, viel Platz zum Gehen, Tische, wo man Papiere ausbreiten kann, Entwürfe, alte und neue, Briefe, Bücher, Muscheln und Seesterne, Ketten von trockenem Tang – ich bin schon die dritte Woche in diesem lieben Haus – und draußen flötet der Wind, Regen prasselt gegen die Scheiben, die vom Anfall des Windes zittern, Wolken jagen über das Uferlose. Man sitzt und schaut, ganz sich selber ausgesetzt... Viel Raum. Man spürt den Raum, auch wenn man nicht hinausschaut; wenn ich lese oder an der Schreibmaschine sitze, oder an dem Pültchen stehe, wie eben in diesem Augenblick... bleibt das Gefühl, man befinde sich am Rande der Welt. Ein förderliches Gefühl; vieles macht es leichter. Noch habe ich mich keine Minute gelangweilt.« Ernst Penzoldt ging es nicht anders. Nach einer Rekonvaleszenz notierte er dort: »Wer es schon in seiner eigenen Gesellschaft nicht aushalten kann, in dessen Gesellschaft leben zu müssen ist grauenvoll.« Gleichwohl besuchten ihn dort Kollegen, Freunde und manche der Adressaten seiner zauberhaften Bilderbriefe.

Denn hier verlockte ihn vieles zu malen. Sei es doch, bekennt er in seiner Betrachtung »Antlitz und Antwort«, das »schöne Verhängnis meiner Natur, daß ich dreien Neigungen nicht zu widerstehen vermag: bilden, schreiben und malen zu müssen. Es geht manchmal über die Kraft, wenn die ungeduldigen Reize der Natur mir das Herz dreifach bedrängen. Sie wollen, daß man ihnen antwortet. Sie geben sich nicht zufrieden, bis man sich ihnen fügt.«

Der Schriftsteller Kurt Lothar Tank, mit dem er in den Jahren 1948 und 1949 das Kampener Autorenhaus teilte, hat ihn dabei beobachtet und hielt es in einer Tagebuchnotiz vom 9. 6. 1948 fest: »Ernst Penzoldt hat heute früh einen Muschelbrief gemalt, denn die hellblaue Tinte des geschriebenen Textes gehört mit zum Bild und erscheint wie ein leuchtend zartes Wellenspiel zwischen Tang und Schlickornamenten. Blank und blitzend sonnen sich auf dem weißgrauen Papier die Muschelschalen. Sein Maler- und Poetenauge ruht entzückt auf ihren feingetönten Farben... Aber er sieht nicht nur die Idylle. Er spürt das Bedrohte, das Schutzlose des Schönen und erzählt eine kurze, grausame Geschichte: Die Regenpfeifer singen ihr Lied. Die neugierigen Muscheln wollen es hören. Sie öffnen die Schalen, und die Regenpfeifer fressen sie.«

Auch sonst weiß dieser Augenzeuge noch manches Charakteristische zu berichten: »Wir lernten uns kennen, als es in Deutschland sehr wenig zu essen gab. Es war im kühlen Mai des Jahres 1948. Peter Suhrkamp hatte uns eingeladen... Was Penzoldt besaß, teilte er nach allen Seiten aus. Ab und zu schickte Thomas Mann ein Paket aus Kalifornien: Fett, Bohnenkaffee, Reis. Auf der schonungsbedürftigen Kochplatte des Suhrkamp-Hauses kochte Penzoldt den Reis, wunderbar körnig. ›Was essen wir zu unserem Reis?‹ ›Vielleicht Eier‹, sagte ich, ›diese Eier habe ich am Watt gefunden, weiß aber nicht, ob man sie essen kann.‹ ›Natürlich‹, rief Penzoldt voller Eifer. ›So ein Glück! Geben Sie her! Das sind Eier vom Austernfischer. Sie müssen acht Minuten kochen.‹ Während unserer Mahlzeit im Kaminzimmer erzählte Penzoldt vom Leben der Austernfischer. Er nannte sie, ihres Aussehens wegen, kleine deutschnationale Störche, erfand Geschichten und ließ sich das Ei schmecken. Aber allmählich schien ihn doch eine melancholische Stimmung zu überkommen. Er schwieg, dann sagte er leise: ›Wenn ich jetzt da unten am Watt spazieren gehe, ich glaub'... ich kann keinem Austernfischer mehr ins Auge sehen!‹

Gestern gab es statt der Kartoffeln, die auch hier sehr knapp sind, den Kartoffel-Roman. Ernst Penzoldt las ihn vor mit fränkischer Behaglichkeit. Wir merkten genau, über welche Pointen seiner kleinen powenzischen Zeitparodie er sich am meisten freute. ›Genie kommt von genießen‹, las er und lächelte.«

Sechs der vierzehn Schilderungen der vorliegenden Edition sind 1949, also noch zu Lebzeiten des Dichters, als eigenes Kapitel (»Die Insel«) in einem Sammelband erschienen, den Peter Suhrkamp unter dem von Theodor Fontane inspirierten Titel *Causerien* veröffentlicht hat. Suhrkamp, der der Insel gleichfalls eine seiner schönsten Studien widmete (»Die nordfriesische Insel«, 1943), eine Bilderfolge, die an den herben Zauber der Sylter Aquarelle von Emil Nolde und Siegward Sprotte erinnert, ist dort begraben an der östlichen Wattmauer, welche die Kirche von Keitum umgibt. Er hat Ernst Penzoldt nur um vier Jahre überlebt und 1955 anläßlich seines Todes geschrieben, was wir heute, im Jahr von Penzoldts 100. Geburtstag, bestätigt finden: »Ich bin überzeugt, solange deutsche Dichtung noch gepflegt wird, wird Ernst Penzoldt damit bestehen, während viele, die heute interessanter erscheinen, ganz vergessen sein werden.«

Frankfurt am Main, im April 1992

*Volker Michels*

# *Quellennachweis*

*Brief vom Mond:* Geschrieben 1938: Aufgenommen in Ernst Penzoldt, »Causerien«, Suhrkamp Verlag Frankfurt am Main 1949.

*Masse Meer:* Erstdruck in »Süddeutsche Zeitung«, München vom 12. 7. 1950. Aufgen. in Ernst Penzoldt, »Gleichnis der Welt«, Band 7 der Jubiläumsausgabe Frankfurt am Main 1992.

*Ansichtskarte aus Kampen:* Erstdruck in »Münchner Tagebuch« vom 12. 6. 1948. Aufgenommen in Ernst Penzoldt, »Causerien«, 1949, a. a. O. und in Band 7 der Jubiläumsausgabe von 1992, a. a. O.

*Sand:* Erstdruck in »Frankfurter Zeitung« vom 7. 7. 1938. Aufgenommen in Ernst Penzoldt, »Causerien«, 1949, a. a. O. und in Ernst Penzoldt, »Mit eigenen Augen«, Band 6 der Jubiläumsausgabe von 1992, a. a. O.

*Von den Muscheln:* Erstdruck in »Münchner Tagebuch« vom 24. 7. 1948. Aufgenommen in Ernst Penzoldt, »Causerien«, 1949, a. a. O. und in Band 7 der Jubiläumsausgabe von 1992 a. a. O.

*Algen:* Erstdruck bisher nicht zu ermitteln. Hier erstmals in Buchform.

*Morphologie des Amorphen:* Geschrieben 1950 in Band 7 der Jubiläumsausgabe 1992, a. a. O.

*Musik der Insel:* Erstdruck in »Merian«, Heft 5: »Nordfriesland«, Hamburg 1949. Hier erstmals in Buchform.

*Antlitz und Antwort:* Erstdruck in »Münchner Neueste Nachrichten« vom 12. 7. 1938. Aufgenommen in Ernst Penzoldt, »Causerien«, 1949, a. a. O. und in Band 6 der Jubiläumsausgabe von 1992, a. a. O.

*Rabentraulichkeit:* Erstdruck in Ernst Penzoldt, »Causerien«, 1949, a. a. O.

*Igelgedanken:* Erstdruck in »Die Neue Zeitung«, München vom 7. 10. 1950. Aufgenommen in Band 7 der Jubiläumsausgabe von 1992, a. a. O.

*Sturm:* Erstdruck u. d. T.: »Wenn die rote Fahne flattert«. In »Süddeutsche Zeitung«, München, vom 29. 8. 1951. Aufgenommen in Ernst Penzoldt, »Die Liebende« und andere Prosa aus dem Nachlaß, Suhrkamp Verlag, Frankfurt am Main 1958 sowie in Band 7 der Jubiläumsausgabe von 1992, a. a. O.

*Es paßt nicht jeder hierher:* Erstdruck als 6. Folge der Artikelserie »Meine unmaßgebliche Meinung« in »Die Neue Zeitung«, München, 16. 6. 1950.

*Wo der Himmel größer ist:* Auszüge aus dem Romanfragment »Lazarus«. Aus Band 4 der Jubiläumsausgabe von 1992, a. a. O.

*Der Jugendfreund:* Erstdruck in »Die Erzählung«, Konstanz, vom Juli 1950. Hier erstmals in Buchform.

Die Bilderbriefe befinden sich in Privatbesitz.

# *Zeittafel*

*1892*

Ernst Penzoldt wird am 14. Juni in Erlangen, Güterhallenstraße 12, geboren als vierter Sohn des Internisten und Wissenschaftlers Franz Penzoldt (1849-1927) und Valerie Penzoldt, geb. Beckh (1867-1946).

*1898*

Umzug der Familie in das Haus Sieglitzhofer Landstraße 44 (heute Hindenburgstraße 44).

*1898-1901*

Privatunterricht durch Hauslehrer und eine französische Erzieherin.

*1901-1911*

Schulzeit im humanistischen Gymnasium (später Fridericianum) in Erlangen. Er zeichnet, schneidet Silhouetten, schreibt Gedichte, einen »Roman« und ein »Stück« für ein selbstgefertigtes Papiertheater.

*1911*

Erste kleine Veröffentlichung: Silhouetten für ein Lautenbüchlein von Waldemar von Baussnern.

*1911-1913*

Nach dem Abitur Studium der Bildhauerei und Malerei an der Kunstakademie in Weimar. Der Tiroler Maler Albin Egger-Lienz beeinflußt ihn dort nachhaltig.

*1913-1914*

Fortsetzung der Studien an der Kunstakademie in Kassel.

*1914*

Als erste eigenständige Veröffentlichung erscheint seine Scherenschnittmappe *Allerlei Humore*, herausgegeben von Ferdinand Avenarius im Kunstwart-Verlag Georg D. W. Callwey, München.

Er meldet sich bei Kriegsausbruch freiwillig zu den Sanitätern, wird zurückgewiesen, fälscht die Testflüssigkeit, um tauglich zu werden.

*1914-1918*

Zuerst als Sanitäter in der Etappe, dann an der Front in Frankreich zur Bergung und Pflege Verwundeter und als Operationshelfer in der Feldchirurgie.

*1919*

Nach dem Krieg zunächst wieder in Erlangen, meldet er sich dort am 2. 4. 1919 nach München ab.

*1920*

In München mietet er am 1. 4. ein Atelier in der Schleißheimer Straße 47/V und lernt am 18. 6. in einem Konzert Ernst Heimeran kennen, von dem er am Lebensende sagt: »Er war mein bester Freund.«

Erste schriftstellerische Publikationen, so das Gedicht »Kuru« in der Zeitschrift »Jugend«.

*1921*

Im Januar Leseabend vor Freunden, u. a. mit dem neu entstandenen Gedicht »Ringsum schläft«. Im Frühjahr illustriert er »Robinson Crusoe«, der im Herbst bei Franz Hanfstaengl, München, erscheint.

Gemeinsame Kollegbesuche mit Ernst Heimeran bei Heinrich Wölfflin.

Vom 25. 8. bis 28. 10. unternimmt er mit Ernst Heimeran eine Italienreise.

*1922*

Am 2. 2. verlobt er sich mit Friedi Heimeran in München-Schwabing, Dietlindenstraße 14.

Am 26. 8. heiratet er sie in Helmbrechts, Oberfranken, wo die Eltern Heimeran leben.

Am 27. 10. wird der Ernst Heimeran Verlag handelsgerichtlich eingetragen.

*Der Gefährte*, Gedichte, erscheint als erste schriftstellerische Publikation bei Heimeran.

*Shakespeare-Schildereien*, 6 Originalradierungen, erscheinen in einer einmaligen, numerierten, handsignierten Auflage von 100 Exemplaren als erste graphische Publikation bei Heimeran.

*1923*

Am 31. 7. wird der Sohn Günther Penzoldt geboren.
*Idyllen* (Albrecht und Gabriel. Der geflügelte Knabe. Die sieben Träume. Das Wasserrad) erscheint an Weihnachten in einer Auflage von 500 Exemplaren als zweite schriftstellerische Publikation bei Heimeran.

*Originalradierungen*, 26 Einzelblätter jeweils in eigenem Umschlag, überwiegend religiösen Inhalts, erscheinen zur Hälfte in diesem Jahr als zweite graphische Publikation bei Heimeran.

*1924*

*Der Schatten Amphion*, eine fränkische Idylle, erscheint an Ostern in einer Auflage von 500 Exemplaren bei Heimeran.

*Originalradierungen*. Die 1923 begonnene Folge wird in diesem Jahr beendet als dritte graphische Publikation. Damit sind die Veröffentlichungen im Heimeran Verlag fürs erste abgeschlossen. Im Sommer offizielle Gründung der Münchner literarischen Gesellschaft »Die Argonauten«.

*1925*

Im Mai entstehen Wandmalereien in der Mensa Academica und der Buchhandlung Mencke in Erlangen.

Am 15. Mai weiht Penzoldt sein neues Atelier in München, Görresstraße 13, mit einem privaten Leseabend ein.
Am 17. Mai Arbeit an der Büste des Dichters August von Platen. Entstehung der Büsten von Wilhelm Geiger, Hans Grässel, Franz Muncker, Sigrid Onégin u. a. für das »Schaubuch berühmter Zeitgenossen« bei Heimeran.

*1926*

Arbeit an der Kirchenausstattung von Theodor Fischers Waldkirche in Planegg bei München.
Am 7. 11. Beendigung der Niederschrift seines ersten Romans *Der Zwerg*.

*1927*

*Der Zwerg*, Roman, erscheint im Reclam Verlag, Leipzig.

Die Waldkirche in Planegg mit Penzoldts Plastiken wird eingeweiht.

Am 18. 3. wird die Tochter Ulla Penzoldt geboren.

Am 19. 9. stirbt der Vater, Franz Penzoldt, in München.

*1928*

Am 28. 3. liest Penzoldt im Hause Bernstein aus seinem Manuskript *Der arme Chatterton*. Unter den Zuhörern ist Thomas Mann.

*Der arme Chatterton*, Geschichte eines Wunderkindes, erscheint im Herbst im Insel Verlag, Leipzig.

*1929*

*Etienne und Luise*, Novelle, wird in der »Vossischen Zeitung«, Berlin, vom 7. 6. vorabgedruckt. Im Herbst als Einzelausgabe im Reclam Verlag, Leipzig. Die Novelle führt wegen Namensgleichheit mit einer lebenden Person zu jahrelangen Prozessen, die wegen der pazifistischen Tendenz der Novelle auch politische Bedeutung haben.

*1930*

*Etienne und Luise*, Trauerspiel, erscheint als Bühnenmanuskript im Arcadia Verlag, Berlin, und wird am 5. 2. 1931 in den »Kammerspielen« Mannheim uraufgeführt.

*Etienne und Luise*, Novelle, erscheint, nachdem der Hauptprozeß beendet ist, in einer revidierten Neufassung bei Reclam.

*Die Powenzbande*, Zoologie einer Familie, gemeinverständlich dargestellt, erscheint im Propyläen Verlag, Berlin.

*Die Portugalesische Schlacht*, Komödie der Unsterblichkeit, erscheint als Bühnenmanuskript im Arcadia Verlag, Berlin, als Buch im Propyläen Verlag, Berlin, und wird am 31. 1. 1931 im »Residenztheater« in München und den »Landestheatern« in Darmstadt und Oldenburg uraufgeführt.

*Die Portugalesische Schlacht*, Novelle, erscheint mit drei anderen Erzählungen im Piper Verlag, München.

*1931*

*Der Knabe Karl*, Trauerspiel, erscheint im Herbst als Bühnenmanuskript im Arcadia Verlag, Berlin, und wird am 11. 12. im »Residenztheater« in München uraufgeführt.

*1933*
Auf Initiative Peter Suhrkamps wird der erste Vertrag mit dem S. Fischer Verlag am 18. 11. gemeinsam mit Dr. Bermann und Suhrkamp unterzeichnet.

*So war Herr Brummell*, Kammerspiel, erscheint als Bühnenmanuskript im Arcadia Verlag, Berlin. Es wird am 7. 2. 1934 am »Burgtheater« in Wien uraufgeführt.

*1934*
*Kleiner Erdenwurm*, Romantische Erzählung, erscheint im S. Fischer Verlag, Berlin.

Penzoldt verwendet von nun an den Namen Fritz Fliege (so heißt eine Hauptfigur in *Kleiner Erdenwurm*) als Pseudonym für seine zeichnerischen, malerischen und plastischen Arbeiten.

*1935*
*Idolino*, Erzählung, erscheint im S. Fischer Verlag, Berlin.

*1937*
*Der dankbare Patient*, mit Zeichnungen des Patienten, erscheint im S. Fischer Verlag, Berlin.
Im Juli ist Penzoldt erstmals zu Gast im Suhrkamp-Haus in Kampen auf Sylt.

*1938*
*Die Leute aus der Mohrenapotheke*, Roman (revidierte Neufassung von *Der Zwerg*), erscheint im S. Fischer Verlag, Berlin.

Vom 30. 3. bis zum Herbst arbeitet Penzoldt in der Werbeabteilung des S. Fischer Verlags in Berlin.
Im September Einzug in das Schwabinger Haus, Schwedenstraße 39 in München.

*1939*
Vom 3. bis 25. 5. Reise nach Dalmatien mit Ernst Heimeran.

Am 28. 8. wird Penzoldt als Sanitätsfeldwebel eingezogen. Während des Polenfeldzuges noch in der Etappe, bemüht er sich danach als Operationshelfer in einem Lazarett in Lodz um schwerverwundete Polen.

*Die Powenzbande* erscheint als erweiterte und vom Autor bebilderte Jubiläumsausgabe im S. Fischer Verlag, Berlin.

Am 10. 11. Rückkehr. Weihnachtsurlaub in München.

*1940*

Vom 20. 4. bis 2. 8. als Patient im Reservelazarett in Göttingen. Dort entstehen *Zugänge* und *Korporal Mombour*, der im November in »Die neue Rundschau« vorabgedruckt wird.

Am 25. 9. wird Penzoldt wegen »Erreichens der Altersgrenze« aus dem Militärdienst entlassen. Im November Magenresektion.

*1941*

*Korporal Mombour*, eine Soldatenromanze, erscheint im S. Fischer Verlag, Berlin, und als Feldpostausgabe.

Am 29. 6. erwirbt Suhrkamp die Rechte für *Zugänge*, obwohl er diesen Erlebnisbericht Penzoldts über die Schicksale polnischer Verwundeter aus politischen Gründen noch nicht drucken kann.

*1942*

Die *Episteln* erscheinen zum fünfzigsten Geburtstag im S. Fischer Verlag.

Ein »Lebensabriß und Werkverzeichnis« wird vom Heimeran Verlag vorgelegt.

*Die Reise ins Bücherland*, ein Büchermärchen, erscheint im Heimeran Verlag.

Penzoldt schreibt Theaterbriefe für verschiedene Zeitungen.

*1943*

Am 27. 11. erneute Rekrutierung.

*1944*

Am 17. 5. wegen Krankheitsbefund aus dem Militärdienst entlassen.

Am 3. 10. schwere Magenblutung.

*1946*

*Die verlorenen Schuhe*, Komödie, wird am 21. 3. im »Volkstheater im Bayerischen Hof« in München und im »Stadttheater« Nürnberg uraufgeführt.

*Tröstung*, ein Beitrag zur Humanität, erscheint im Suhrkamp Verlag, Berlin.

*1947*

*Zugänge* können jetzt im Suhrkamp Verlag, Frankfurt am Main, erscheinen. Penzoldt schreibt wieder für verschiedene Zeitungen Theaterbriefe.

*1948*

*Der Diogenes von Paris*, mit historischen Dokumenten und Kommentaren versehene Ausgabe der Komödie *Die verlorenen Schuhe*. Sie erscheint im Heimeran Verlag, München

*Der Kartoffelroman*, eine Powenziade, erscheint im Heimeran Verlag, München.

*Das Nadelöhr*, eine Betrachtung, erscheint im Chr. Kaiser Verlag, München.

Am 20. 4. wird Penzoldt in die Bayerische Akademie der Schönen Künste in München gewählt. Er erhält den Kunstpreis für Literatur der Stadt München.

*1949*

*Causerien* erscheint als Band 1 der Gesammelten Schriften in Einzelausgaben im Suhrkamp Verlag, Frankfurt am Main.

*1950*

»Es kommt ein Tag«, Film nach der Novelle *Korporal Mombour*, wird uraufgeführt.

*Der gläserne Storch*, Zauberkomödie, wird am 22. 2. 1950 im »Deutschen Schauspielhaus« in Hamburg uraufgeführt.

*1951*

*Süße Bitternis* erscheint als Band 2 der Gesammelten Schriften in Einzelausgaben im Suhrkamp Verlag, Frankfurt am Main.

*1952*

*Drei Romane* erscheint als Band 3 der Gesammelten Schriften in Einzelausgaben im Suhrkamp Verlag, Frankfurt am Main.

*Fliegenkleckse*, zeichnerische Einfälle von Fritz Fliege, erscheint im Heimeran Verlag, München.

*Squirrel oder Der Ernst des Lebens*, ein Kammerspiel, erscheint als Bühnenmanuskript im Suhrkamp Verlag, Frankfurt am Main.

*1953*

*Squirrel*, ein Kammerspiel, wird am 22. 12. im Theater »Die Kleine Freiheit« in München uraufgeführt.

Penzoldt wird im Herbst als Dramaturgischer Berater durch Intendant Kurt Horwitz an das Münchner Residenztheater berufen.

*1954*

*Squirrel*, Erzählung, erscheint im Suhrkamp Verlag, Frankfurt am Main.

*15 Gedichte* erscheinen bei der Fränkischen Bibliophilen-Gesellschaft, Lichtenfels.

*Der Irrgarten*, eine Erzählung, erscheint als Jahresgabe der Fränkischen Bibliophilen-Gesellschaft, Lichtenfels.

Anfang Dezember erster Herzinfarkt.

*1955*

Am 27. 1. stirbt Ernst Penzoldt an einem zweiten Herzinfarkt.

Am 31. 1. Beerdigung auf dem Münchener Waldfriedhof.

# Ernst Penzoldt
# im Suhrkamp Verlag und
# Insel Verlag

Gesammelte Schriften in sieben Bänden. Jubiläumsausgabe zum 100. Geburtstag. Herausgegeben von Ulla Penzoldt und Volker Michels. Leinen in Kassette

Band 1: Der Zwerg. Der arme Chatterton
Band 2: Die Powenzbande. Der Kartoffelroman
Band 3: Kleiner Erdenwurm. Idolino. Squirrel
Band 4: Niemandskind. Lazarus
Band 5: Erzählungen
Band 6: Mit eigenen Augen. Autobiographische Schriften
Band 7: Gleichnis der Welt. Betrachtungen über Natur, Kunst, Politik, Literatur, Reisen, Menschen und Dinge

Die schönsten Erzählungen. Geschenkausgabe mit farbigem Dekorüberzug in Schmuckkassette. Fünf Bände. Pappband

*Einzelausgaben*

Causerien. Leinen

Der dankbare Patient. Mit Zeichnungen des Patienten. Gedächtnisausgabe. BS 25 und Großdruck. it 2310

Die Kunst, das Leben zu lieben. Betrachtungen. Herausgegeben von Volker Michels. Großdruck. it 2360

Die Portugalesische Schlacht. Komödie der Unsterblichkeit. Mit Illustrationen vom Verfasser. Pappband

Die Powenzbande. Zoologie einer Familie. Ausgabe letzter Hand unter Zugrundelegung der neuesten Forschungsergebnisse und der nachgelassenen Dokumente mit einem Geleitwort des Altbürgermeisters der Stadt Mössel Dr. h. c. Max Dattel gemeinverständlich dargestellt. st 372

Prosa eines Liebenden. Idolino. Korporal Mombour. Der Delphin. BS 78

Sommer auf Sylt. Liebeserklärungen an eine Insel. Mit farbigen Zeichnungen des Verfassers. Herausgegeben von Volker Michels. it 1424

Squirrel. Erzählung. Leinen und BS 46

Tröstung. Engl. Broschur

*Zu Ernst Penzoldt*

Ernst Penzoldt. Leben und Werk in Texten und Bildern. Herausgegeben von Ulla Penzoldt und Volker Michels. it 547

Leben und Werk von Ernst Penzoldt. Ein Brevier. Engl. Broschur

52/1/10.96

## Städte und Landschaften
## Reiselesebücher im insel taschenbuch

Bayreuth. Ein literarisches Porträt. Herausgegeben von Frank Piontek und Joachim Schultz. Mit zahlreichen Abbildungen. it 1830

Bodensee. Reisebuch. Herausgegeben von Dominik Jost. Mit zahlreichen Abbildungen. it 1490

Bonn. Ein Städte-Lesebuch. Herausgegeben von Doris Maurer und Arnold E. Maurer. Mit zahlreichen Abbildungen. it 1224

Dresden. Ein Reisebuch. Herausgegeben von Katrin Nitzschke. Unter Mitarbeit von Reinhard Eigenwill. Mit zahlreichen Abbildungen. it 1365

Dublin. Ein literarisches Porträt. Herausgegeben von Elsemarie Maletzke. Mit zahlreichen Abbildungen. it 1870

Florenz. Lesarten einer Stadt. Herausgegeben von Andreas Beyer. Mit zahlreichen Illustrationen. it 633

Hamburg. Ein Städte-Lesebuch. Herausgegeben von Eckart Kleßmann. it 1312

Heidelberg-Lesebuch. Stadt-Bilder von 1800 bis heute. Herausgegeben von Michael Buselmeier. it 913

Hermann Hesse: Tessin. Betrachtungen, Gedichte und Aquarelle des Autors. Herausgegeben von Volker Michels. it 1494

London. Eine europäische Metropole in Texten und Bildern. Herausgegeben von Norbert Kohl. it 322

Mit Rilke durch das alte Prag. Herausgegeben von Hartmut Binder. Mit zahlreichen Abbildungen. it 1489

München. Ein Lesebuch. Herausgegeben von Reinhard Bauer und Ernst Piper. Mit zahlreichen Abbildungen. it 827

Prag. Ein Lesebuch. Herausgegeben von Jana Halamíčková. Mit zahlreichen Abbildungen. it 994

Salzburg. Ein Städte-Lesebuch. Herausgegeben von Adolf Haslinger. Mit zahlreichen Abbildungen. it 1326

Schwarzwald und Oberrhein. Literarischer Führer. Herausgegeben von Hans Bender und Fred Oberhauser. Mit zahlreichen Abbildungen. it 1330

Trier. Deutschlands älteste Stadt. Reisebuch. Herausgegeben von Michael Schroeder. Mit zahlreichen Fotografien. it 1574

Tübingen. Ein Städte-Lesebuch. Herausgegeben von Gert Ueding. Mit zahlreichen Abbildungen. it 1246

Venedig. Herausgegeben von Doris Maurer und Arnold E. Maurer. Mit zahlreichen Abbildungen. it 626

169/1/12.96

Städte und Landschaften
Reiselesebücher im insel taschenbuch

Venedig. Literarischer Führer. Von Doris Maurer und Arnold E. Maurer. Mit farbigen Abbildungen. it 1413

Wien. Reisebuch. Herausgegeben von Joseph Peter Strelka. Mit farbigen Fotografien. it 1573

Wien im Gedicht. Herausgegeben von Gerhard C. Krischker. it 1488

169/2/12.96